Franz Josef Major

CRM als Schlüsselfaktor der Kundenbindung

D1671366

Franz Josef Major

CRM als Schlüsselfaktor der Kundenbindung

Über den Umgang der Salesforce mit CRM -
Tools. Grundlagen, Konzepte und Befragungen

VDM Verlag Dr. Müller

Impressum

Bibliografische Information der Deutschen Nationalbibliothek: Die Deutsche Nationalbibliothek verzeichnet diese Publikation in der Deutschen Nationalbibliografie; detaillierte bibliografische Daten sind im Internet über http://dnb.d-nb.de abrufbar.

Coverbild: www.purestockx.com

Erscheinungsjahr: 2008
Erscheinungsort: Saarbrücken

Verlag:
VDM Verlag Dr. Müller Aktiengesellschaft & Co. KG, Dudweiler Landstr. 125 a, 66123 Saarbrücken, Deutschland,
Telefon +49 681 9100-698, Telefax +49 681 9100-988,
Email: info@vdm-verlag.de

Herstellung in Deutschland:
Schaltungsdienst Lange o.H.G., Zehrensdorfer Str. 11, D-12277 Berlin
Books on Demand GmbH, Gutenbergring 53, D-22848 Norderstedt

ISBN: 978-3-8364-8155-7

Inhaltsverzeichnis

1. VORWORT   1

2. EINLEITUNG   2

    2.1. Ausgangssituation   4

    2.2. Problemstellung und Ziele   7

    2.3. Gliederung   9

    2.4. Fragebogenerhebung   9

       2.4.1. Statistische Daten   11

3. CUSTOMER RELATIONSHIP MANAGEMENT   12

    3.1. Definition   13

       3.1.1. Der prozessorientierte Ansatz   16

       3.1.2. Der ganzheitliche Ansatz   21

    3.2. Grundlagen   25

       3.2.1. Das Fünf-Phasen-Modell   25

       3.2.2. Der Kunde, das unbekannte Wesen   27

       3.2.3. CRM – Ziele   34

4. CRM – KENNZAHLENMANAGEMENT   **37**

4.1. Definition und Grundlagen   37

4.2. Kennzahlen im Rahmen von Kundenbeziehungen   39

      4.2.1. Die Kundenzufriedenheit   39

      4.2.2. Customer Lifetime Value (CLV)   42

5. IT ALS SÄULE DES RELATIONSHIP MANAGEMENTS   **44**

5.1. Daten, Datenbanken und Data Warehouse   48

5.2. Von der Rationalisierung zum Beziehungsmanagement   52

5.3. CRM-IT Anbieter am globalen Markt   55

**6. WIE MAN VERTRIEBSMITARBEITER AUF CRM EINSCHWÖREN KANN –
MÖGLICHE LÖSUNGSANSÄTZE**   **59**

6.1. Mitarbeiterorientierung   59

6.2. Führungsverantwortung des Managements   63

6.3. CRM als Faktor der Honorierung   70

6.4. Internes Marketing   72

6.5. Clienting   76

7. ZUSAMMENFASSUNG UND AUSBLICK   **77**

ABKÜRZUNGSVERZEICHNIS   81

ABBILDUNGSVERZEICHNIS   83

TABELLENVERZEICHNIS   84

LITERATURVERZEICHNIS   85

ANHANG   94

1.Vorwort

Ein Studium innerhalb einer festgesetzten Zeit abzuschließen bedeutet, sich gewisser Regeln zu beugen. Die aus der einschlägigen Literatur bekannten Ausdrücke, als Beispiele seien genannt „Zeitmanagement", „Management by Facts", „Fokussieren auf das Wesentliche", „Opportunitätskosten", „Disziplin" und „Teamfähigkeit", gewinnen an Bedeutung.

Der Student ist, gemessen an meinen Erfahrungen, oftmals nicht in der Lage, dies alleine durchzustehen.

Aus diesem Grunde möchte ich mich an dieser Stelle vor allem bei meiner Familie bedanken, die mich in den letzten vier Jahren bei einem meiner größten persönlichen Vorhaben unterstützt hat: das berufsbegleitende Studium nicht nur zu beginnen, sondern auch mit Erfolg zu beenden. Hätte ich den Zuspruch und die Toleranz meiner Familie nicht gehabt, wäre das Studium mit Sicherheit nicht so reibungslos von statten gegangen.

Dank gilt auch den wenigen Jahrgangskollegen, denen ich es zu verdanken habe, dass ich so manche schier unmöglich zu bestehende Prüfung doch gemeistert habe. Und es bis zum Schreiben dieser Diplomarbeit gebracht habe.

Vorrangig meiner damaligen Studienkollegin und heutigen Lebenspartnerin Nicole.

Dieses Buch widme ich meiner Mutter, ohne der alles nichts gewesen wäre.

2.Einleitung

Der Autor ist seit mehr als zehn Jahren im Kundenservice – Management in verschiedenen Unternehmungen tätig.

In all diesen Jahren stand ein Thema immer im Vordergrund: *der Kunde.*

Mit Fachausdrücken - *„Kundenzufriedenheit"*, *„Customer* First", *„Kunden-Zufriedenheitsumfrage"*, *„Kundenservice"*, *„Kundenbeziehungsmanagement"*, *„Customer Relationship Management"* und *„Clienting"* sind nur einige aus einer breiten Palette - wurde die Wichtigkeit untermauert.

Es passierte nicht selten, dass die Kundenzufriedenheit auch Platz in den Unternehmenszielen fand. Als Beispiel dazu sei Xerox genannt, deren erstes Unternehmensziel die Kundenzufriedenheit und Loyalität darstellt.[1]

Aufgrund der langjährigen Auseinandersetzung mit der Thematik stand fest, dass das erste Buch den Schwerpunkt Customer Relationship Management (abgekürzt CRM) haben wird.

Den Anreiz hierbei stellt die Auseinandersetzung mit operativ erworbenem Wissen auf wissenschaftlicher Basis dar.

Bei der Eingrenzung jedoch traten aufgrund der „Betriebsblindheit" des Autors die ersten Hindernisse auf, die es zu bewältigen galt. Der vorab definierte Inhalt unter dem Arbeitstitel „optimale CRM-Organisation für österreichische Klein- und Mittelbetriebe" musste aufgrund der Weitläufigkeit der Thematik wieder fallen gelassen werden.

---

1 Vgl. Xerox Austria GmbH 2002

In diesem Buch wird mehreren Fragen nachgegangen werden, die sich als zentral für den Erfolg von Customer Relationship Management im Unternehmen herausstellen:

- Was versteht ein Mitarbeiter des Vertriebs-Außendienstes unter CRM?
- Welchen Nutzen erwartet sich der Mitarbeiter von CRM?
- Welche Gründe sind dafür ausschlaggebend, dass ein Vertriebsmitarbeiter nicht mit dem im Unternehmen zum Einsatz kommenden CRM-System arbeitet?
- Welchen Einfluss übt das Management aus, um Customer Relationship Management im Unternehmen zu etablieren und erfolgreich zu leben?

In diesem Sinn wird dieses Buch einem zentralen Punkt der beiden folgenden Definitionen von Customer Relationship Marketing gerecht: der Ganzheitlichkeit.

Customer Relationship Management ist ein *ganzheitlicher* Ansatz zur Optimierung aller kundenbezogener Prozesse innerhalb eines Unternehmens.[2]

Reinhold Rapp definiert Customer Relationship Management als die Neuorientierung vom klassischen Marketing, das produktorientiert ist zum über-greifenden, *ganzheitlichen* Marketing, das auf die Beziehungen zwischen Unternehmen und Kunden fokussiert ist.[3]

Es wird in diesem Buch vorrangig um den Menschen gehen, ohne den das ausgeklügeltste Softwaremodul wertlos ist.

Denn der Mensch ist es, der das System mit Informationen füllt. Tut er dies nicht, fehlen wichtige Daten, die für die Beziehung zwischen einem Unternehmen und dessen Kunden unerlässlich sind.

---

2 Vgl. Scheer 2001, S. 26
3 Vgl. Rapp 2001, S. 42

Diese „Ganzheitlichkeit" wird auch unterstrichen durch den Umstand, dass Inhalte aus den beiden Vertiefungsgebieten des Autors, Management-Organisations- und Personalberatung sowie Betriebsorganisation und Wirtschaftsinformatik, Eingang in dieses Buch finden.

2.1. Ausgangssituation

Wenn ein Unternehmen aus der angespannten wirtschaftlichen Situation eine Lehre gezogen hat, dann die, dass zufriedene Kunden gehalten werden müssen. Auch dann, wenn Unternehmen sparen, muss der elektronischen Unterstützung des Kundenmanagements (Customer Relationship Management, CRM) eine hohe Priorität eingeräumt werden. Ein nach dem Kunden ausgerichtetes Unternehmen hat verstanden, dass der Kundenstamm zum wertvollsten Kapital zählt. Die Bindung des Kunden und die Pflege der Geschäftsbeziehung nehmen eine immer wichtigere Stellung im Unternehmen ein.[4]

Der erste Schritt von CRM ist, basierend auf einer strukturierten Datenbasis, seine Kunden (wertvolle, potenzielle, illoyale) kennen zu lernen, ihren Bedarf und Wert (derzeitigen und potenziellen) zu identifizieren und sie nach langfristiger Profitabilität bis hin zum Lifetime Value in verschiedene Segmente einzuteilen.[5]

In der Literatur wird zwar immer wieder auf die Bedeutung der Datenqualität im Zuge des Customer Relationship Managements hingewiesen, jedoch konnten keine Analysen oder konkrete Aussagen dazu gefunden werden.

Der Autor betrat, trotz seiner Berufserfahrung, Neuland.

Er wurde zwar des öfteren mit nicht quantifizierbaren Aussagen konfrontiert wie „ein guter Verkäufer wird nie sein Wissen in eine Datenbank eintragen, da er damit den Wettbewerbsvorteil gegenüber seinen Kollegen einbüssen würde", doch handelte es sich hierbei um subjektive Annahmen, die jeder konkreten Grundlage entbehrten.

---

4 Vgl. Zencke, Peter: CRM ist erwachsen geworden, in: SAP Info, Februar 2002, Vorwort

5 Vgl. Rapp 2001, S. 63

Wenn diese oder ähnliche Aussagen zutreffen, geht einem Unternehmen jedoch Wissen verloren. Wissen, das im globalen Wettbewerb einen Vorteil darstellt.

Abgeleitet aus der Fragebogenerhebung haben 83% der Vertriebsmitarbeiter diese Aussage bestätigt, indem sie in CRM eine Chance sehen, sich vom Mitbewerb abzuheben.

Aus der Tatsache resultierend, dass in dieser Hinsicht keinerlei Datenmaterial gefunden werden konnte, beschloss der Autor, diese Daten mittels einer Fragebogenerhebung zu erfassen und einer Auswertung zuzuführen.

Die Fokussierung auf den Vertriebs-Außendienst erfolgte aufgrund der folgenden Erkenntnis, dass die einzigen Mitarbeiter, die den Kunden wirklich zu Gesicht bekommen, die Mitarbeiter im Außendienst sind. Dieses Wissen wird jedoch im Innendienst benötigt, um damit kundenspezifische Problemlösungen erarbeiten zu können.[6]

Gleich zu Beginn dieses Buches sollen die beiden Begriffe *Verkauf* und *Vertrieb* definiert werden.

„Verkaufen ist die Grundfunktion des Marketing. Der Verkauf umfasst alle Elemente und Maßnahmen, um (a) mit dem Kunden zum Zwecke einer Auftragsgewinnung in Kontakt zu treten, um (b) ihn zum Kaufabschluss zu bewegen und um (c) die erreichten Aufträge abzuwickeln. Der Verkauf umfasst also alle Vorgänge der unmittelbaren Verkaufsabschluss-Erzielung und damit der Umsatzgenerierung."[7]

---

6 Vgl. Schwetz 2000, S. 5
7 Winkelmann 1999, S. 24

Winkelmann definiert im Gegensatz dazu den Vertrieb als einen weiter gesteckten Begriff, da Vertrieb zusätzlich die folgenden Arbeitsgebiete umfasst:[8]

- Der organisatorische Rahmen für alle Markt- und Kundenvorgänge innerhalb eines Unternehmens. Dazu gehören Verkaufsorganisation, die Verkaufsform und die Vertriebssteuerung.

- Die Verkaufspolitik mit Prozessen der Kundengewinnung und Kundensicherung.

- Die Vertriebspartner-Politik mit Handelsvertretern, Vertragshändlern und anderen (indirekten) Vertriebswegen.

- Die Vertriebslogistik mit Lagerhaltung, Versand und Transport der verkauften Güter an den Kunden.

Der Begriff Vertrieb bezeichnet den Absatz von Waren und Dienstleistungen und alle damit in Zusammenhang stehenden Maßnahmen. Damit im Zusammenhang stehen Bestellaufnahme und -abwicklung, Kundendienst, Versand, Verkaufsabrechnung, Verkäufereinsatz und Terminüberwachung.[9]

---

8 Vgl. Winkelmann 1999, S. 25

9 Vgl. Schreiber 2000, S. 484

2.2.Problemstellung und Ziele

Aus einer ganzheitlichen Sicht gesehen, bedarf es des Zusammenspiels von Mensch und Technik, den Inputs durch den Vertriebsmitarbeiter, damit ein CRM-System zum Unternehmenserfolg beitragen kann.

Auf die Beziehung Kunde - Unternehmen umgelegt, bedeutet Unternehmenserfolg, den Kundenwert zu (er)kennen. Der Customer-Lifetime-Value ist der Wert einer Kundenbeziehung über die gesamte Lebensdauer der Beziehung hinweg und bestimmt sich aus allen dem Kunden zurechenbaren Umsätzen und Kosten.[10]

Die Problemstellung in diesem Buch reflektiert den Umgang des Außendienstmitarbeiters im Vertrieb mit dem in seinem Unternehmen implementiertem(n) CRM-System(en).

Die Ziele dieses Buches sind wie folgt:

- Vermittlung von CRM-Grundlagenwissen.

- Nutzen-Darstellung von Customer Relationship Management für das Unternehmen.

- Ursachenerhebung, warum Außendienstmitarbeiter CRM-Systeme mit Informationen versehen, bzw. warum sie dies nicht tun.

- Aufzeigen möglicher Wege, die zu einer Steigerung der Akzeptanz von CRM-Systemen durch den Außendienst führen.

In diesem Zusammenhang soll auch der Hypothese nachgegangen werden, dass Mitarbeiter des Vertriebs mit einem CRM – System deshalb nicht arbeiten wollen, weil sie dann spezifisches, individuelles (Kunden)Wissen einer Allgemeinheit zur Verfügung stellen müssen. Und das würde bedeuten, dass sie einen wesentlichen Informationsvorteil verlieren würden. Ein Vorurteil, das in diesem Zusammenhang, nach der Erfahrung des Autors, sehr verbreitet ist.

---

10 Vgl. Hoffmann und Mertiens 2000, S.12

Abgeleitet aus der Fragebogenerhebung lässt sich schließen, dass es sich hierbei tatsächlich um ein Vorurteil handelt. Denn 88,1% der befragten Vertriebsmitarbeiter verneinen die Fragestellung „Mein kundenspezifisches Wissen soll im Unternehmen nicht bekannt werden" als Hauptgrund für eine Nichtverwendung des CRM-Systems.

Ein Nicht-Ziel ist die Auseinandersetzung mit CRM durch Mitarbeiter anderer Unternehmensbereiche – zum Beispiel dem Mitarbeiter des Service – Außendienstes.

2.3. Gliederung

Der theoretische Teil dieses Buches beschäftigt sich mit den Grundlageninformationen zum Thema Customer Relationship Management. Diese Informationen sind aus Sicht des Autors von Bedeutung, da sie den unternehmerischen Nutzen von CRM in den Mittelpunkt stellen.

Dabei werden zwei wesentliche Einflussfaktoren auf das Customer Relationship Management näher erläutert: zum einen CRM relevante Kennzahlen, zum anderen die Informationstechnologie als unterstützendes Element.

Weiters werden auch Maßnahmen aufgezeigt, die seitens des Unternehmens gesetzt werden können, um die Akzeptanz von CRM in der Vertriebsmannschaft zu erhöhen.

In die theoretischen Ausführungen werden die Erkenntnisse, die sich aus der Fragebogenerhebung ableiten lassen, an den jeweils relevanten Textstellen eingebettet.

2.4. Fragebogenerhebung

Wenn Untersuchungsteilnehmer vorgelegte Fragen (Fragebögen) schriftlich beantworten, spricht man von einer schriftlichen Befragung.[11]

Diese Befragungsmethode wurde beim Erstellen der Umfrage zugrunde gelegt: Vertriebs-mitarbeiter (Außendienst) von sechs in Österreich ansässigen internationalen Unternehmen haben an der Befragung teilgenommen.

Aufgrund der Tatsache, dass in der einschlägigen Literatur keine ähnlich aufgebaute Befragung durchgeführt worden ist, war eine Bezugnahme auf bestehende Ergebnisse nicht möglich.

---

11 Vgl. Bortz und Döring 1995, S. 231

Zum Aufbau des Fragebogens muss festgehalten werden, dass dieser verständlich formuliert sein muss und mit eindeutigen Instruktionen ohne viel Aufwand durch den Befragten ausgefüllt werden kann.[12]

Bei den Fragearten muss beachtet werden, dass Fragearten mit Antwortvorgaben der offenen Frageformulierung vorzuziehen sind.[13]

Aus diesem Grund wurden die Fragen 2 bis 7 auch mit einem Antwortschema versehen, das von *„stimme sehr zu"* über *„stimme eher zu"* und *„stimme eher nicht zu"* bis hin zu *„stimme überhaupt nicht zu"* abgestuft ist.

Eine offene Beantwortung kommt in beschreibenden Situationen zur Anwendung, mit denen ein wissenschaftlich neues Problem erstmalig angegangen wird.[14]

Um dieser Aussage gerecht zu werden, wurde die erste Frage – *„Stellen Sie sich vor, Sie schulen gerade einen neuen Vertriebsmitarbeiter ein. Wie würden Sie ihm CRM erklären?"* - mit Absicht offen gestellt.

Insgesamt wurden 110 Fragebögen, wovon 59 Fragebögen ausgefüllt retourgesandt wurden. Somit ergibt sich eine Rücklaufquote von 53,64 %.

Der Fragebogen wurde nach der Erstkonzeption einer Testgruppe von sieben Vertriebsmitarbeitern vorgestellt. Im Zuge dieser „Testbeantwortung" wurde auf die folgenden Kriterien seitens des Autors besonders geachtet:

- Ist die Anleitung zum Ausfüllen für den Befragten verständlich?

- Sind die Fragen verständlich formuliert? Kann der Fragebogen ohne Hilfe Dritter ausgefüllt werden?

- Innerhalb welchen Zeitrahmens lässt sich die Befragung durchschnittlich bewältigen?

- Ist eine Frage, die aus der Berufserfahrung des Befragten wichtig wäre, nicht gestellt?

---

12 Vgl. Bortz und Döring 1995, S. 234

13 Vgl. Bortz und Döring 1995, S. 232

14 Vgl. Bortz und Döring 1995, S. 194

- Ist das Layout für den Befragten ansprechend?

Nach diesem ersten Test wurden die Anregungen der Befragten in den Frage-bogen eingearbeitet, zudem wurde die durchschnittliche Beantwortungszeit mit neun Minuten fixiert.

2.4.1. Statistische Daten

45 der befragten Vertriebsmitarbeiter (76,3%) sind männlich, 48 der Befragten (81,4%) sind in der Altersgruppe der 20 – 40jährigen, 26 (44,1%) haben als höchsten Schulabschluss Matura.

Die Firmenzugehörigkeit mit mehr als fünf Jahren überwiegt mit 38 Nennungen (64,4%).

Die geschätzte wöchentliche Stundenanzahl, die mit dem CRM-Infosystem gearbeitet wird, beträgt bis zu drei Stunden 33 Nennungen (55,9%), bis zu vier Stunden 4 (74,6%). Bemerkenswert ist hierbei, dass 15 Befragte mehr als vier Stunden wöchentlich mit dem System arbeiten – immerhin mehr als 10% der Wochenarbeitszeit.

Der Fragebogen und eine detaillierte Ergebnisdarstellung befinden sich im Anhang.

3.Customer Relationship Management

In diesem dritten Kapitel wird auf die verschiedenen Definitionen von Customer Relationship eingegangen, sowie ein Grundlagenwissen vermittelt. Im Mittelpunkt dieses Kapitels stehen Prozessorientierung, Ziele und der „Kunde".

Auf einer Zeitachse betrachtet, können die Managementtrends der letzten 20 Jahre wie folgt dargestellt werden:

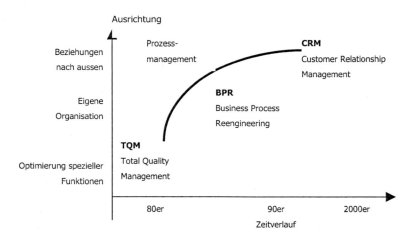

Abbildung 1: Managementtrends – von TQM zum CRM
(in Anlehnung an: Rapp 2001, S.44)

In dieser Grafik kommt zum Ausdruck, dass nach einer Phase der Eigenorientierung in Unternehmungen (Business Process Reengineering) die Strategie geändert wurde und der Kunde in den Mittelpunkt unternehmerischen Handelns rückte. Anzumerken ist, dass die Grenzen auf der Zeitachse ineinander verschmelzen und die Kundenausrichtung auch vor dem Jahr 2000 einen Managementansatz darstellte.

3.1.Definition

Bevor man sich mit der Definition von CRM auseinandersetzt, sollte festgehalten werden, was CRM mit Sicherheit nicht ist:[15]

- kein neuer Begriff für Kundenzufriedenheit oder Kundenorientierung,

- keine neue Art von Direct Marketing und

- keine neue IT-Lösung.

Denn CRM ist die Kombination all dieser Faktoren.

Bereits in der Einleitung wurden zwei unterschiedliche Definitionen angeführt.

Bach und Österle umfassen mit Customer Relationship Management (CRM) sämtliche Aktivitäten, deren Ziel es ist, die Prozesse des Kunden zu unterstützen.[16]

Eine weitere Definition von CRM lautet: „It is a comprehensive set of processes and technologies for managing the relationships with potential and current customers and business partners across marketing, sales, and service, regardless of the communication channel [...]."[17]

Die verkürzte Übersetzung würde CRM als das Zusammenspiel von Prozessen und Technologien beschreiben, deren Ziel es ist, Beziehungen – über Abteilungen hinweg - mit möglichen und bestehenden Kunden zu gestalten.

---

15 Vgl. Rapp 2001, S. 55

16 Vgl. Bach und Österle 2000, Vorwort

17 Greenberg 2001, S. 16

Mit Customer Relationship Management (CRM) wird oftmals ein ganzheitliches Konzept zur Unterstützung von Kundenbeziehungen unter Einbeziehung entsprechender Anwendungssysteme verstanden.[18]

In der Literatur wird CRM oftmals auch als Customer Relationship *Marketing* betitelt. Der Autor kommt zu der Überzeugung, dass beide Begriffe (Marketing und Management) in einem Austauschverhältnis stehen: Customer Relationship Marketing (CRM) ist ein *Marketing- und Managementkonzept*, mit dem sich ein Unternehmen gezielt auf die Kundenbedürfnisse ausrichtet.[19]

Seitens der Wirtschaftsinformatik wird CRM als Ansatz der Kundenorientierung definiert, der mittels moderner Informations- und Kommunikationstechnologien profitable Kundenbeziehungen durch individuelle Marketing-, Vertriebs- und Servicekonzepte aufbaut und langfristig festigt.[20]

CRM ist ein professionelles Beziehungsmarketing mit dem Ziel, durch den konsequenten Einsatz von Methoden und Werkzeugen Kundenbindung anzu-streben und profitable Neukunden zu erkennen und zu gewinnen.[21]

Zwei Begriffe sind es, die diese Definitionen prägen: Ganzheitlichkeit und Prozesse. Aus diesem Grund ist es notwendig, sich näher mit ihnen auseinanderzu-setzen.

Generell kann davon ausgegangen werden, dass Customer Relationship Management eine Strategie darstellt, die sich im gesamten Unternehmen festsetzt.

---

18 Vgl. Fink et al 2001, S. 210
19 Vgl. Rudolph und Rudolph 2000, S. 9
20 Vgl. Mertens et al 2001, S. 101
21 Vgl. Rudolph und Rudolph 2000, S. 4

Eine Unternehmensstrategie umfasst das Festlegen der langfristigen Unternehmensziele sowie die Mittel zur Zielerreichung.[22]

Im Rahmen der Fragebogenerhebung haben 40,7% der befragten Vertriebsmitarbeiter den CRM-Begriff mit der im Unternehmen eingesetzten Software gleichgesetzt. Bei rund einem Drittel der Befragten stellt sich heraus, dass sie mit CRM eine Datenbank oder Kundendatei gleichsetzen. Dass CRM nur ein Modewort darstellt, verneinen hingegen 83% der befragten Vertriebsmitarbeiter.

Auszugsweise werden an dieser Stelle einige der Antworten wiedergegeben (eine grammatikalische Korrektur seitens des Autors wurde vorgenommen):

„Werkzeug für das Unternehmen, um alle einen Kunden betreffende Daten (Marketing, Sales, Service) zu erfassen, einzusehen und auswerten zu können, um eine umfassende Sicht auf den Kunden zu bekommen und somit eine strategische Bindung erreichen zu können."

„CRM ist eine Organisationshilfe und ein Controllingmodul."

„CRM heißt Customer Relationship Marketing und bedeutet aus Sicht des Marketing die Beziehung zum Kunden mit Hilfe einer Datenbank zu pflegen und damit längerfristig an das Unternehmen zu binden."

„CRM ist eine Philosophie, die helfen soll, die Kundenbeziehungen eines Unternehmens zu dokumentieren und zu unterstützen."

„CRM ist eine Firmenphilosophie. Kunde sollte von nun an in den Mittelpunkt aller Aktivitäten sein. CRM kann auch eine Software sein, die dies unterstützt."

„CRM ist ein sowohl den Innen- als auch den Außendienst unterstützendes Tool mit dem Ziel, die Effizienz und die Effektivität des gesamten Bereichs bzw. der Gruppe zu erhöhen."

---

22 Vgl. Staehle 1999, S. 603

„CRM hilft, die Interaktion verschiedener Abteilungen mit den Kunden transparent darzustellen. Dies führt zu einer effizienteren Betreuung des Kunden. Das Marketing hat die Möglichkeit, Kundengruppen zu definieren, die zielgerichtet mit einer Aktion angegangen werden können."

„Ein System, dass dem Unternehmen und den betroffenen Mitarbeitern eine 360° Sicht des Kunden zur Verfügung stellt. Das System wird speziell in den Bereichen Service, Marketing und Vertrieb eingesetzt. Unerlässlich, um heute ein Gesamtwissen über den Kunden aufzubauen, zu erhalten und zu sharen."

Wenn man diese Antworten zusammenfasst, dann ist eindeutig zu erkennen, dass die wesentlichsten Inhalte der unterschiedlichen Definitionen von Customer Relationship Management enthalten sind: Eine Philosophie, die von allen im Unternehmen gelebt werden muss; ein Controllingmodul, eine Datenbank; abteilungsübergreifende Prozesse und der Kunde.

3.1.1. Der prozessorientierte Ansatz

Der Marketing-Prozess hat grundsätzlich den gesamten Markt als Zielgruppe. Da dies in der Praxis aufgrund der Größe zu Problemen führt, wird diese Zielgruppe anhand verschiedener Kriterien eingegrenzt, um einen Kreis potenzieller Kunden mit hoher Erfolgswahrscheinlichkeit anzusprechen. Der *Marketingprozess* wird in dem Moment, in dem ein Kunde sich für ein angebotenes Produkt interessiert, in den *Verkaufsprozess* übergeleitet. Dieser umfasst alle Aktivitäten, die im Kontakt mit einem interessierten Kunden zu einem Vertragsabschluss, dem Ende des erfolgreichen Verkaufsprozesses, führen sollen. Daran anschließend folgen einerseits der *Serviceprozess* und andererseits der Prozess der Leistungs-erstellung.[23]

Eine im Unternehmen eingesetzte CRM-Software muss in der Lage sein, diese Prozesse abbilden zu können, denn ein radikales Fokussieren auf Kundenprozesse wird im Informationszeitalter wettbewerbsentscheidend.[24]

---

23 Vgl. Schmid, Bach und Österle 2000, S. 25
24 Vgl. Schmid, Bach und Österle 2000, S. 3

Nach Staehle kann die Prozessorientierung wie folgt gesehen werden: Die bereichsübergreifende Organisation von Geschäftsprozessen bildet den Mittelpunkt der strategischen Ausrichtung, wobei der Informationstechnologie (IT) als der technischen Umgestaltungskomponente eine wesentliche Rolle zugedacht ist.[25]

Die folgende Grafik veranschaulicht die bereichsübergreifende Organisation von Geschäftsprozessen recht deutlich:

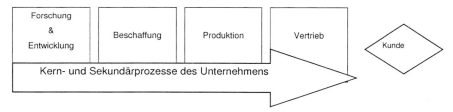

Abbildung 2: Bereichsübergreifende Organisation von Geschäftsprozessen

Es kann die obige Grafik auch mit einer zweiten Feldbezeichnung „Kunde" ergänzt werden. Denn unternehmensinterne Prozessgestaltung kann unter Umständen auch vom Kunden angestoßen werden, bzw. sollte sie nach Meinung des Autors von ihm ausgehen. Ein radikaler Ansatz in diesem Zusammenhang ist, alle nicht dem Kunden nutzenstiftende Prozesse innerhalb des Unternehmens auf deren Sinnhaftigkeit zu überprüfen - ergeben sie keinen Sinn, sind sie auszuscheiden.

Als Weiterführung von Einzelprozessen in Unternehmen spricht man vom Geschäftsprozessmanagement, bei dem die Unternehmensabläufe funktionsübergreifend (oftmals abteilungsübergreifend) gestaltet werden.[26]

Diese Unternehmensabläufe sind auf marktrelevante Ergebnisse der Geschäftstätigkeit ausgerichtet und beziehen Lieferanten und Kunden mit ein.[27]

25 Vgl. Staehle 1999, S. 749

26 Vgl. Abts und Mülder 2001, S. 284

27 Vgl. Abts und Mülder 2001, S. 285

Mögliche Merkmale von Geschäftsprozessen sind:[28]

- Prozessbeginn und ein Prozessende. Der Prozessbeginn ist das Eintreten eines definierten Zustandes (Geschäftsereignis, z.B. Bestellanfrage eines neuen Kunden). Das Prozessende wird durch das Erreichen eines wirtschaftlichen Zieles (Ergebnis, z.b. Abschluss eines Kaufvertrages) beschrieben.

- Ein Geschäftsprozess darf nicht an organisatorische Strukturen (z.b. Unternehmens- oder Abteilungsgrenzen) gebunden sein.

Die Geschäftsprozesse lassen sich in zwei große Gruppen unterteilen.

Auf der einen Seite in *Kernprozesse*, die zusammenhängende Aktivitäten, Entscheidungen, Informationen und Materialflüssen verknüpfen und somit den entscheidenden Wettbewerbsvorteil einer Unternehmung ausmachen.[29]

Auf der anderen Seite in *Subprozesse*, die unterstützende Aufgaben umfassen, und somit gewährleisten, dass die Kernprozesse reibungslos verlaufen. Subprozesse haben keine strategische Bedeutung und können daraus mittels Outsourcing an externe Dienstleister vergeben werden.[30]

---

28 Vgl. Abts und Mülder 2001, S. 285

29 Vgl. Abts und Mülder 2001, S. 286

30 Vgl. Abts und Mülder 2001, S. 286

Im St. Galler Modell für prozesszentriertes CRM werden sogenannte Unterstützungsprozesse definiert, die zur Erstellung und Verteilung von CRM-relevantem Wissen erforderlich sind. Sie dienen zur Sicherstellung der notwendigen Informationsqualität (Zuverlässigkeit, Aktualität etc.).[31]

Customer Relationship Management schafft die Voraussetzung für die profitable Realisierung von Prozessportalen und sorgt für eine intensivere Kundenbindung, eine präzisere Kundenselektion sowie für effizientere CRM-Prozesse in Marketing, Verkauf und Service.[32]

In diesem Zusammenhang soll der Begriff Prozessportal genauer erklärt werden: Dem Kunden werden in einem ersten Schritt mittels einer Internet basierenden Plattform alle Produkte, Dienstleistungen, Services und Informationen angeboten. In einem zweiten Schritt kann der Kunde durch verschiedene Kommunikationstechniken – z.B. Telefon, Fax, Email oder SMS - mit dem Unternehmen Kontakt aufnehmen. [33]

Das sogenannte Prozessportal bietet dem Kunden erheblichen Zusatznutzen:[34]

- Der Kunde erhält einen Überblick über Produkte, Dienstleistungen und Informationen aus einer Hand.

- Der Kunde tätigt den gesamten Geschäftsvorgang innerhalb eines Vorganges. Es erfolgt, mit der Ausnahme der Warenlieferung, keine Unterbrechung des Kundenprozesses.

- Jederzeitige Prozess - Unterstützung durch Mitarbeiter des Unternehmens durch vom Kunden bevorzugten Kommunikationskanal.

- Die Leistungen werden 24 Stunden am Tag, 7 Tage die Woche auf allen fünf Kontinenten erbracht.

CRM muss das Ziel verfolgen, die Unternehmensprozesse an den Kundenbedürfnissen zu orientierten.

---

31 Vgl. Schmid, Bach und Österle 2000, S. 31

32 Vgl. Schmid, Bach und Österle 2000, S. 3

33 Vgl. Schmid, Bach und Österle 2000, S. 6f

34 Vgl. Schmid, Bach und Österle 2000, S. 6f

Jede Kundenkommunikation muss zum Ziel haben, aus der Perspektive des Kunden zu verfahren:

- Stoßrichtung ist die kundenorientierte Prozessgestaltung von der Unternehmensstrategie bis hin zu den Einzelprozessen.
- Ausgangspunkt sind immer die Kundenprozesse, nicht die Unternehmensprozesse.
- Ziel ist die Optimierung der wichtigsten Kundenprobleme, nicht der größten Unternehmensprobleme.[35]

Ernsthaft gelebte Prozessorientierung hat immer eine Reihe von direkt und indirekt spürbaren Auswirkungen. Nicht mehr zeitgemäße Strukturen werden aufgebrochen, und die Notwendigkeit für Veränderungen wird erkannt. Tabus darf es bei der Durchführung keine geben![36]

Kritiker von Customer Relationship Management setzen genau an diesem Punkt, der Prozessorientierung, an und nennen es ein „wieder aufgewärmtes" Business Process Reengineering (BPR). Reengineering verfolgt die Zielsetzung, Kernprozesse, die sich meist über mehrere funktionale Abteilungen und verschiedene Hierarchien erstrecken, aus Kundensicht optimal zu integrieren und zu koordinieren. Dies erfordert oftmalig eine Neugestaltung der Organisation.[37]

„Business Process Reengineering bedeutet, sich folgende Frage zu stellen: `Wenn ich dieses Unternehmen heute mit meinem jetzigen Wissen und beim gegenwärtigen Stand der Technik neu gründen müsste, wie würde es dann aussehen?´ [...] Es ist ein Anfang bei Null."[38]

Ein Wort noch zur Prozessberatung: Diese läuft nach dem Process Life Cycle - Modell von Scheer in drei Schritten:

Prozess-Design, Prozess-Realisierung und Prozess-Optimierung.

---

35 Vgl. Rapp 2001, S. 110

36 Vgl. Batz und Andreschak 1998, S. 109

37 Vgl. Lombriser und Abplanalp 1998, S. 311

38 Hammer und Stanton 2000, S. 205

Im ersten Schritt wird ein Prozess entworfen, im zweiten wird die Veränderung ins Leben gerufen, um danach kontinuierlich verbessert bzw. optimiert zu werden.[39]

3.1.2.Der ganzheitliche Ansatz

Um den ganzheitlichen Bezug besser zu veranschaulichen, wird in der nachfolgenden Grafik das Organisationsmodell des Niederländischen Päda-gogischen Institutes (NPI) dargestellt.

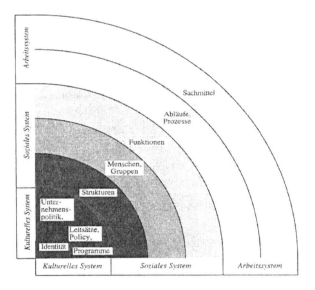

Abbildung 3: Die sieben Ebenen einer Organisation nach dem NPI – Organisationsmodell

(Quelle: Heimerl-Wagner, in: Kasper und Mayerhofer 1996, S.556)

---

39 Vgl. Scheer und Köppen 2000, S. 150

Generell gesehen geht es bei dieser Betrachtungsweise darum, nicht einzelne Fakten zu analysieren, sondern die Gesamtheit, die sich in einer Organisation darstellt. Diese Gesamtheit kann in sieben Ebenen unterteilt sein, die anhand der Grafik anschaulich aufgezeigt werden. Das NPI - Modell ermöglicht eine Systematisierung der Beobachtungsebenen und deren Zusammenhänge.[40]

Ulrich und Probst definieren Ganzheitlichkeit als die Summe von sieben Bausteinen:[41]

- Baustein 1: Ganzheitlichkeit

Eine Unternehmung besteht zwar aus der Summe von Individuen, jedoch gibt es ein Handeln des gesamten Unternehmens, das mehr ist als die Handlungen der einzelnen Mitarbeiter.

- Baustein 2: Vernetztheit

Die Beziehungen innerhalb eines Unternehmens stellen ein Netzwerk dar. Schon alleine dadurch entstehen Prozesse, Wechselwirkungen, Reportingstrukturen und andere Aktions- und Kommunikationsformen.

- Baustein 3: Offenheit

Mit diesem Begriff ist vor allem die Offenheit einer Unternehmung nach außen hin gemeint, die Verbindung des Unternehmens mit der Umwelt. Hierbei geht es einerseits um die Kommunikation nach außen, jedoch auch um das Beobachten des „Rundherum". Denn ein Unternehmen, das den Bezug zur Umwelt verliert, läuft Gefahr, den Marktanforderungen nicht mehr gerecht werden zu können.

- Baustein 4: Komplexität

Unternehmungen sind komplexe Systeme, d.h. sie haben die Fähigkeit, sich im Zeitablauf immer wieder anders zu verhalten.

---

40 Vgl. Heimerl-Wagner, in: Kasper und Mayerhofer 1996, S. 557
41 Vgl. Ulrich und Probst 1991, S. 241ff

- Baustein 5: Ordnung

Trotz Komplexität verfügen lebensfähige Systeme über eine geordnete Struktur, die stabil erscheint, und abhängig ist von der Vernetzung innerhalb des Systems.

Auch das Verhalten innerhalb eines Systems folgt bestimmten, oftmals genormten Regelmustern.

- Baustein 6: Lenkfähigkeit

Mit dem Begriff Lenkung ist gemeint, dass ein System fähig ist, sich selbst unter Kontrolle zu halten, bestimmte Zustände anzustreben und auch zu erreichen.

- Baustein 7: Entwicklungsfähigkeit

Damit wird zum Ausdruck gebracht, dass Unternehmungen auf sich ändernde Umwelteinflüsse und deren Anforderungen und Bedürfnisse reagieren.

Betrachtet man diese sieben Bausteine unter dem Blickwinkel „Management", kann man erkennen, welche Anforderungen an das Management eines Unternehmens gestellt werden und, dass diese nicht von einer Einzelperson bewältigt werden können: Management definiert die Führung zweckgerichteter sozialer Systeme, und diese Aufgabe kann, selbst bei nur wenige Personen umfassenden Organisationen, nicht von einem einzigen Manager erfüllt werden.[42]

Die oben angesprochene Ganzheitlichkeit stellt auch ein Differenzierungsmerkmal zwischen erfolgreichen und weniger erfolgreichen Dienstleistern dar. Ganzheitlich bedeutet, Maßnahmen und Aktivitäten entlang der Wertschöpfungskette auf das Ziel der Steigerung der Dienstleistungsqualität auszurichten.[43]

Prozessorientierung und eine ganzheitliche Orientierung (das Beachten aller Aspekte eines Systems[44]) sind die beiden grundlegenden Ansätze zur Definition von Customer Relationship Management.

---

42 Vgl. Ulrich und Probst 1991, S. 240

43 Vgl. Batz und Andreschak 1998, S. 109

44 Vgl. Heimerl-Wagner, in: Kasper und Mayerhofer 1996, S. 556

Das innovative an CRM ist der Geschäftsfokus, der sich neben der Produkt- und Kundenorientierung aufbaut und der persönlichen Nutzenvorstellung des Kunden einen hohen Stellenwert beimisst.[45]

An dieser Stelle soll der Nutzen-Begriff erklärt werden: Nutzen beschreibt die Fähigkeit eines Gutes oder einer Dienstleistung, die Kundenbedürfnisse zu befriedigen.[46]

Aufgrund der Interaktionen Kunde / Unternehmen können die kritischen Kunden-begegnungen ermittelt werden. Über diese gelingt eine Stärkung der Kunden-beziehungen durch eine Adaptierung der internen Prozesse entsprechend den Kundenanforderungen und eine Stärkung der Kundenbeziehungen eben aufgrund der durchgeführten Änderungen.[47]

CRM an sich ist niemals nur Software, sondern eine Geschäftsphilosophie, die in allen Bereichen des Unternehmens den Kunden in den Mittelpunkt stellt. CRM kann erst dann zum Erfolg führen, wenn Menschen, Organisation und Technik optimal zusammenarbeiten und sich an den Bedürfnissen des Kunden orientieren.[48]

---

45 Vgl. Rapp 2001, S. 45
46 Vgl. Rürup 1998, S. 207
47 Vgl. Rapp, S. 45
48 Vgl. Schwetz 2000, S. 5

3.2. Grundlagen

Nach der im ersten Schritt erfolgten Definition von Customer Relationship Management geht es in diesem Kapitel vermehrt um Grundlagenkenntnisse, die direkt im Zusammenhang mit CRM stehen.

3.2.1. Das Fünf-Phasen-Modell

Tabelle 1: Das CRM Fünf-Phasen-Modell (in Anlehnung an: Rapp 2001, S. 57)

	Phasen	Inhaltliche Teilschritte		
1.	Kundenanalyse und –typisierung	Kunden-segmentierung	Kunden-prozesse	Kunden-profitabilität
2.	Differenzierte Relationship-Strategien	Fokussierung	Angebots-design	Programm-entwicklung
3.	Design der Relationship-Prozesse & Tools	Kundenkontakt	Interne Prozesse	Programm-strukturen
4.	Implementierung von system-ischem Kundenmanagement	zeitliche, inhaltliche Planung	Kanal-management	E-Commerce Serve Center, IT-Design
5.	Lernen aus der Kundenbe-ziehung	Erfolgs-controlling	Lern-transfer	Data Mining

Ein anderes, ebenfalls fünf Phasen umspannendes Modell, ist das sogenannte „G-Spot" – Modell, das, angewendet auf CRM, die folgenden Unterteilungen beinhaltet:[49]

- Goals: Every business has clearly defined coals.

- Strategies: To achieve the company´s goals, the management establishes strategies, such as establishing long-term relationships with customers.

- Plans: Executing strategies requires plans.

- Objectives: These are the measurable goals of each plan.

---

49 Vgl. Greenberg 2001, S. 26f

- Tactics: How to achieve the objectives that are part of the plans to implement the strategies to achieve the goals.

CRM übernimmt im Unternehmen eine strategische Aufgabe und wird somit zum kritischen Erfolgsfaktor. Gelingt es nicht, nach erfolgreicher Kundengewinnung eine Kundenbeziehung herzustellen, schöpft ein Unternehmen die wirtschaftlichen Möglichkeiten nicht aus. Denn Wiederkäufer verursachen in jedem Fall geringere Kosten als Neukäufer.[50]

Die im folgenden genannten Instrumente sollen darlegen, an welchen Punkten CRM im Unternehmen ansetzen sollte:[51]

- Das *Kundenmanagement* ermittelt und analysiert Kundenprofile, selektiert profitable Beziehungen zu bestehenden und potenziellen Kunden und definiert die jeweils sinnvollen Bearbeitungsmaßnahmen.

- Das *Kanalmanagement* gleicht die vom Kunden gestellten Anforderungen mit den Möglichkeiten des Unternehmens ab; es definiert die strategische Ausrichtung der Kanäle, die Steuerungsinstrumente für die Kanalnutzung durch den Kunden (z.B. kanalspezifische Preismodelle) und die unternehmensinterne Koordination (z.B. Provisionsverrechnung) sowie die Systemanforderungen für eine einheitliche Kundensicht über alle Kanäle hinweg.

- Das *Prozess- und Wissensmanagement* unterstützt Kunden- und CRM-Prozesse. Es sorgt für Standardisierung und Führbarkeit der Prozesse und stellt ihnen Wissen über Märkte, Kunden, Produkte und Verkaufstechniken bereit. Prozess- und Wissensmanagement steigern z.B. durch verbesserte Beratungsqualität und Nutzung von Cross-Selling-Potenzial die Profitabilität von Kundenbeziehungen.

---

50 Vgl. Löwenthal und Mertiens 2000, S. 107

51 Vgl. Schmid, Bach und Österle 2000, S. 33

3.2.2.Der Kunde, das unbekannte Wesen[52]

Viele Unternehmen betrachten ihr Geschäft wieder aus Kundensicht und lernen, auf Kunden zuzugehen. Somit ergibt sich die einmalige Chance, sich nicht allein durch den Preis zu behaupten, sondern darüber hinaus noch positiv aus Kundensicht zu punkten.[53]

Den wichtigsten Grundstein für eine erfolgreiche Gestaltung der Kundenbeziehungen ist immer, den Kunden zu kennen.[54]

Folgt man hier den Ergebnissen der Fragebogenerhebung, so ist CRM eine Möglichkeit, den Kunden besser kennen zu lernen. Mehr als 93% der Befragten haben diese Frage mit „stimme sehr zu", bzw „stimme zu" beantwortet.

Ein Kunde ist auf alle Fälle die wichtigste Person in einem Unternehmen. Ein Kunde hängt nicht vom Unternehmen ab, sondern dieses von ihm. Ein Kunde ist Zweck unserer beruflichen Tätigkeit, er überbringt seine Wünsche, er ist auf alle Fälle kein Ausstehstehender, sondern Teil des Geschäftes. Einen Streit mit einem Kunden hat noch niemand wirklich gewonnen.[55]

Als Kunde (urspr. Kundiger, Eingeweihter, der Bekannte) wird eine juristische oder natürliche Person bezeichnet, die eine Ware einkauft oder eine Dienstleistung in Anspruch nimmt. Der Kunde kann als Einzelperson, Institution oder Organisation auftreten und hat als das wesentlichste Kennzeichen die Freiheit zu entscheiden, welches Produkt oder welche Dienstleistung er erwerben möchte.[56]

---

52 Vgl. Rudolph und Rudolph 2000, S.38

53 Vgl. Ronzal 2000, S. 17

54 Vgl. Löwenthal und Mertiens 2000, S. 105

55 Vgl. Papmehl 1998, S. 322

56 Vgl. Scheer 2001, S. 24

Eine weitergehende Definition des Kunden liefern Rudolph und Rudolph. Sie gehen in ihrer Definition weg vom Individuum und verstehen den Kunden als sogenanntes „buying center" mit den folgenden Rollen und Funktionen:[57]

1. Der **Anwender** (User) stellt in Bezug auf Industriegüter als fachlich spezialisierter Nutzer Anforderungen an ein Produkt.

2. Der **Einkäufer** (Buyer) erledigt die Markterkundung und verantwortet das Einkaufsrisiko.

3. Der **Beeinflusser** (Influencer) fördert oder blockiert Vorgänge. Er zieht diskret die Fäden im Hintergrund.

4. Der **Türöffner** (Gate Keeper, Wächter) kann Vorgänge unbemerkt unterstützen oder blockieren.

5. Der **Entscheider** (Decision Maker) trifft die Entscheidungen von besonderer Tragweite.

Bruhn unterscheidet vier Kundengruppen:[58]

- *Starkunden*: Diese Kundengruppe verfügt über ein hohes Ertragspotenzial und einen hohen Kundenwert. Kundenbindungsmaßnahmen sind zum Beispiel VIP-Services, die auf die individuellen Bedürfnisse dieser Kunden eingehen.

- *Ertragskunden*: Ein hoher Kundenwert, dem jedoch nur ein geringes Entwicklungspotenzial gegenüber steht. Hier gilt es seitens des CRM-Managements, diese Kunden möglichst lange an das Unternehmen zu binden, ohne jedoch übermäßige Investitionen zu tätigen. Kundenbindungsmaßnahmen sind zum Beispiel die Mitgliedschaft im Kundenklub und die Kundenkarte.

---

57 Vgl. Rudolph und Rudolph 2000, S. 41
58 Vgl. Bruhn 1999, S. 125ff

- *Selektionskunden*: Kunden, die kein oder nur geringes Potenzial für – Umsätze aufweisen. In diesem Fall werden undifferenzierte, zumeist kostengünstige Kundenbindungsmaßnahmen eingesetzt (z.B. Telefonkontakt).

- *Fragezeichenkunden*: Kunden, die über ein hohes Ertragspotenzial verfügen und zudem einen steigerungsfähigen Kundenwert aufweisen. Ziel muss es sein, diese Kunden in Richtung Starkunden zu bewegen. Hierbei gilt es im Zuge der Kundenbindung konkrete Maßnahmen mit hoher Intensität zu setzen (z.B. Spezialangebote, Direct Mailings, Kundenkarten).

Winkelmann unterteilt die Beziehung Unternehmen / Kunde anhand einer Zeitreihe in mehrere Stufen, die der Kunde durchläuft. Diese Stufen sind:[59]

1. potenzieller Interessent, der einen Kontakt zum Unternehmen herstellt oder zu dem seitens des Unternehmens ein solcher hergestellt wird,

2. Interessent, der bereits Interesse an den Produkten zeigt,

3. Angebotskunde, dessen Bedarf spezifiziert ist und für den ein Angebot erstellt ist,

4. Testkäufer, der eine Musterlieferung auf ihre für seine Anwendung spezifische Verwendung testet,

5. Erstkäufer, der die erste Bestellung freigibt,

6. Wiederholungskäufer, der den Folgebedarf ebenfalls beim selben Unternehmen abdeckt,

7. unregelmäßiger Stammkunde, der in unregelmäßigen zeitlichen Abständen weitere Einkäufe tätigt, und

8. regelmäßiger Stammkunde, mit dem im Zuge der Jahresplanung fix gerechnet werden kann.

---

59 Vgl. Winkelmann 1999, S. 120

Die Erwartungen des Kunden an Produkte und Dienstleistungen sind gestiegen. Diese gesteigerten Erwartungen manifestieren sich in den folgenden Aussagen:[60]

- Die Kunden sind selbstbewusster, besser informiert und mittels der Nutzung neuer Medien in der Lage, Vergleiche anzustellen.

- Sie informieren sich gezielt über die Produkte, die sie kaufen, und sie untersuchen genau, welchen Nutzen diese für sie bieten.

- Die Kunden gehen analytischer vor. Sie hinterfragen, ob und inwieweit die Produkte zum Erfolg ihrer Firma (bei Einkäufern in Unternehmen) beitragen oder ihre persönlichen Ansprüche erfüllen.

- Die Kunden sind anspruchsvoller. Sie wollen nicht nur das bestmögliche Produkt zum niedrigsten Preis, sondern ebenfalls einen ausgefeilten Service und eine individuelle Beratung.

- Die Kunden wollen nicht mehr nur ein Produkt, sondern noch etwas, das über das Produkt hinausgeht. Sie verlangen einen Added Value (Zusatz- beziehungsweise Mehrwert). Dieser kann in Form von Zusatzleistungen erfolgen oder ideeller Art sein (Imageaufwertung des Kunden durch beispielsweise den Erhalt einer Prestige Card).

- Die Kunden von heute wollen mehr, sind aber auch bereit, mehr zu geben. Um die beste Einkaufsentscheidung treffen zu können, sind sie offen dafür, den Unternehmen Auskunft über sich zu geben. Sie sehen nicht mehr sich auf der einen und das Unternehmen auf der anderen Seite, sondern erkennen die Vorteile einer Kooperation.

---

60 Vgl. Rapp 2001, S. 60

Rudolph und Rudolph sehen sich ebenfalls nicht in der Lage, den Begriff „Kunde" in einem Satz zu beantworten, sondern betrachten den Kunden aus den folgenden Blickwinkeln:[61]

1. Der Kunde tritt als Leistungsabnehmer in Erscheinung.

2. Der Kunde ist bedeutsam im Hinblick auf Preisniveau, Konditionen-politik, Leistungsgestaltung und Wettbewerbsregeln.

3. Der Kunde zwischen `Großkunde` und `Kleinkunde` ist relevant im Hinblick auf die Priorität bei der Abwicklung von Geschäfts-prozessen.

4. Der Kunde auf dem Entwicklungspfad vom Interessenten zum Stammkunden ist wichtig für die Art und Intensität von Marketing-maßnahmen.

5. Der Kunde als Träger einer Rolle (beim Gruppenkauf oder im Buying Center) ist bedeutsam für die Verkaufstaktik und die CRM-Maßnahmen.

6. Der Kunde als Partner ist heute Element jeder Marketing-Philo-sophie.

7. Der Kunde als Rechtspersönlichkeit oder Firma ist relevant für die Rechtsverbindlichkeit der Geschäfte und die Einhaltung der Zahlungsbedingungen.

---

61 Vgl. Rudolph und Rudolph 2000, S. 40

Johnson wiederum unterteilt den Kunden in vier Kategorien:

Wiederkaufverhalten

Kunden-zufriedenheit		wiederholen	wechseln
	hoch	zufriedener Wiederholer	zufriedener Wechsler
	gering	unzufriedener Wiederholer	unzufriedener Wechsler

Abbildung 4: Kundentypen (in Anlehnung an: Johnson 2001, S.72)

Wenn man diese Auflistung an Kundenerwartungen liest, wird deutlich, wie wichtig es für ein Unternehmen ist, seinen Kunden zu kennen. Darüber hinaus muss dem Kunden auch zugetraut werden, dass er aufgrund möglicher Informations-sammlung als Wissender am Markt auftritt.

Rapp listet hier eine Reihe von Fragen auf, die es im Zusammenhang mit dem Kunden zu beantworten gilt:[62]

- Wer ist der Kunde?

- Wie verhält er sich?

- Welche Bedürfnisse, Wünsche hat er?

- Welche Services verlangt er?

- Welche Kommunikation (Art und Umfang) führt der Kunde vorwiegend?

- Wie ist seine Unternehmenstreue?

---

62 Vgl. Rapp 2001, S. 64

Doch diese Fragen sind nur in der ersten Phase einer Kundenanalyse von Bedeutung, in der die Kundenprofile ermittelt werden.

In der zweiten Phase gelangen Fragen der Rentabilität dazu:[63]

- Wie oft macht der Kunde Geschäfte?
- Wie hoch ist sein Beitrag zu den Gewinnen?
- Was kann der Wert aus möglichen zukünftigen Geschäften sein?

Die Beantwortung dieser Fragen ist notwendig, um die für ein Unternehmen attraktiven und loyalen Kunden zu identifizieren und sie nach der langfristigen Profitabilität zu unterscheiden.[64]

Berücksichtigt man, dass es doch bis zu fünfmal mehr kostet, neue Kunden zu akquirieren, als bestehende Kunden zu erhalten[65] und dass 68 Prozent der Kunden aufgrund schlechter Qualität verloren gehen, aber fünfmal eher aufgrund eines schlechten Services[66], wird die Bedeutung eines optimalen Kundenservices immer wichtiger.

Kundensegmentierung teilt den gesamten Absatzmarkt in homogene Teilmärkte und fasst Kunden auf Basis bestimmter Merkmale in Gruppen zusammen mit dem Ziel, diesen Gruppen die entsprechende Produkte und Dienstleistungen zu-zuordnen.[67]

Kundensegmentierung alleine ist noch kein Erfolgsgarant. Damit ein Unternehmen langfristig Erfolg erzielen kann, genügt es nicht, Kunden zu segmentieren und die eigenen Kompetenzen zu analysieren. Es muss sich auch in seinem Markt – bezogen auf seine Mitbewerber – angemessen positionieren.[68]

63 Vgl. Rapp 2001, S. 64
64 Vgl. Rapp 2001, S. 63
65 Vgl. Papmehl 1998, S. 29
66 Vgl. Papmehl 1998, S. 320
67 Vgl. Scheer 2001, S. 55
68 Vgl. Staminski 1998, S. 125

3.2.3. CRM – Ziele

Die Voraussetzungen für effektives CRM sind exakte Zielformulierungen, wobei das primäre Ziel die Steigerung der Wettbewerbsfähigkeit darstellt.[69]

Schwetz definiert die Zielvorgaben wie folgt:[70]

- Um den Vertriebserfolg zu erhöhen, werden systematisch Kunden und Interessenten ausgewählt, die über ein hohes Potenzial verfügen.

- Basierend auf diesen Informationen müssen maßgeschneiderte individuelle Problemlösungen angeboten werden.

- Diese wiederum müssen zum richtigen Zeitpunkt beim richtigen Kunden platziert werden können.

Diesem letzten Punkt entspricht auch die Aussage eines befragten Vertriebsmitarbeiters, der die Frage nach seinem Nutzen, abgeleitet aus CRM, folgendermaßen beantwortete: „Hilft mir insofern, als dass Marketing endlich die richtigen Kunden richtig anschreibt!"

Gelingen diese drei Zielvorgaben, kommt es automatisch zu einer Erhöhung der Erfolgsquote im Verkaufsabschluss, sowie zu einer Verringerung der Fehlbesuche durch den Außendienst und der Fehlkontakte durch den Innendienst.[71]

Daraus resultierend leiten Rudolph und Rudolph die folgende Zielformulierung ab: Die Möglichkeiten, Wettbewerbsvorteile zu erzielen, sollen mit Unterstützung des CRM erkannt und genutzt werden.[72]

69 Vgl. Rudolph und Rudolph 2000, S. 70

70 Vgl. Schwetz 2000, S. 18

71 Vgl. Schwetz 2000, S. 18

72 Vgl. Rudolph und Rudolph 2000, S. 70

Als strategische Erfolgsvorteile können genannt werden:[73]

- (relative)[74] Schnelligkeit,

- Individualisierung der Leistung (sogenanntes „Customizing"),

- Produkt- und Dienstleistungsqualität.

- Convenience (Einfachheit, Bequemlichkeit).

- Preisgünstigkeit (Preis- Leistungsverhältnis),

- innovative und konkurrenzlose Leistungsangebote,

- Kostenvorteile (Kostenführerschaft),

- Kennen des finanziell profitablen Kunden,

- vorbildliche Kundenbeziehungen.

Weitere Aufgaben eines Kundenbeziehungsmanagements können sein:[75]

- Kundensupport bei Produktnutzung,

- passive Verkaufsförderung,

- Marktforschung (z.B. Produktakzeptanz, Qualitätsmanagement),

- Laufende Kundeninformationen mit dem Ziel eines zusätzlichen Verkaufsabschlusses (add-on selling).

Zukünftige Erfolgspotenziale können nur dann realisiert werden, wenn aus der Kundensicht ein gegenüber anderen Anbietern überlegenes Preis/Nutzen-verhältnis geboten wird.[76]

---

73 Vgl. Rudolph und Rudolph 2000, S. 71

74 relativ bezogen auf die Schnelligkeit der anderen Marktteilnehmer

75 Vgl. Löwenthal und Mertiens 2000, S. 107

76 Vgl. Rudolph und Rudolph 2000, S. 62

Diese Erfolgsfaktoren lassen sich auch in der nachfolgenden Matrix einordnen, die Unternehmen und Branchen miteinander in Relation setzt:

Branche	Etablierte Unternehmen im Wandel	Junge Stars in den Boombranchen
neu (starkes Wachstum)	• Halten alte Geschäftsfelder als Cash-Cow besetzt • Erschließen von Wachstumsbranchen • Ziehen sich aus alten Märkten zurück	• Entdecken neue Märkte • Erringen Vertrauen von Investoren • Bauen ihre Märkte dynamisch und flexible auf
traditionell (geringes Wachstum / Stagnation)	Innovative etablierte Unternehmen • Verhindern von Stagnation durch neue Produkte und Strategien • Verfügen über Kapital und Kundenbasis	Newcomer in reifen Märkten • Besetzen neue Nischen • Verändern die „Spielregeln" in der Branche • Bauen ihr Potenzial aus
	etabliert	neu **Unternehmen**

Abbildung 5: Erfolgsfaktoren (in Anlehnung an: Rudolph und Rudolph 2000, S. 18)

4.CRM – Kennzahlenmanagement

Während im dritten Kapitel auf die Grundlagen des Customer Relationship Managements eingegangen worden ist, stellen im vierten zwei Kennzahlen den Schwerpunkt. Die eine, die den Kunden und seine gegenüber dem Unternehmen ausgesprochene Zufriedenheit in den Mittelpunkt rückt, die andere, die dem Unternehmen hilft, den „attraktiven" Kunden zu erkennen.

4.1.Definition und Grundlagen

Die Beziehungen zwischen Kunden und Unternehmungen können anhand von Kennzahlen analysiert werden.

Anhand dieser Kennzahlen kann auch die Qualität der Kundenbeziehungen definiert werden, sie ist somit vergleich- und kategorisierbar. Somit ergeben sich die aus dem CRM-Ansatz gewünschten Kundentypisierungen.

„Kennzahlen sind verdichtete Informationen über quantifizierbare betriebliche Tatbestände. Sie sollen eine einfache Kontrolle von Abläufen und Ergebnissen ermöglichen."[77]

Unter einem Kennzahlensystem versteht man eine klar strukturierte Kennzahlenpyramide, bei der eine so genannte Spitzenkennzahl durch zahlreiche andere erklärt wird.[78]

---

77 Preißner 2000, S. 9
78 Vgl. Preißner 2000, S. 14

Der Ansatzpunkt von Kennzahlenmanagement ist wie folgt beschrieben:

Es ist heute immer wichtiger, Methoden zu finden, mit denen die Informationsflut auf die wenigen Sachverhalte reduziert werden kann, die für den Nutzer von wirklicher Relevanz sind.[79]

Im wesentlichen lassen sich vier grundlegende Funktionen von Kennzahlen unterscheiden:[80]

- Operationalisierung: Kennzahlen dienen zum Operationalisieren von Zielen und deren Erreichung.

- Anregungsfunktion: Laufende Erfassung und Überprüfung von Kennzahlen zur Erkennung von Auffälligkeiten oder Veränderungen.

- Vorgabefunktion: Ermittlung der kritischen Kennzahlen für einzelne Unternehmensbereiche.

- Kontrollfunktion: Laufende Erfassung und Kontrolle von Kennzahlen als Indikator von Soll-Ist-Abweichungen.

Der Einsatz von Kennzahlen kann in verschiedenen Situationen durchgeführt werden:[81]

- Leistungsvergleich: Hier werden die Leistungen verschiedener Leistungserbringer (z.B. Mitarbeiter, Manager, Abteilungen oder Unternehmen) miteinander verglichen.

- Zeitvergleich: Zumeist werden die aktuellen Zahlen mit Werten eines erfolgreichen Basisjahres verglichen.

- Soll-Ist-Vergleich: Hier werden aktuelle Zahlen mit den Planvorgaben verglichen und eventuell einer Reihung unterzogen.

- Ursachenanalyse: Kennzahlen geben Aufschluss, welche Ursachen für eine Abweichung verantwortlich sind.

---

79 Vgl. Preißner 2000, S. 1
80 Vgl. Preißner 2000, S. 9
81 Vgl. Preißner 2000, S. 11

4.2.Kennzahlen im Rahmen von Kundenbeziehungen

Im Rahmen des Managements von Kundenbeziehungen können eine Vielzahl an Kennzahlen angewendet werden. Hierbei wird auf zwei Kennzahlen eingegangen: „Customer Lifetime Value" (CLV) und „Kundenzufriedenheit".

4.2.1.Die Kundenzufriedenheit

Bei der Definition der Kennzahl für Kundenzufriedenheit muss davon ausgegangen werden, dass es keine eindeutige, einzige Kennzahlensystematik gibt.[82]

Kundenzufriedenheit ist subjektiv und bildet das Ergebnis eines Vergleichsprozesses in der Erfahrungs- und Gefühlswelt des Kunden. Die objektive, durch Fakten nachweisbare Kundenzufriedenheit gibt es nicht.[83]

Exakt dieser Zustand, dass es keine objektiv nachweisbare Kundenzufriedenheit gibt, ist relevant, denn die subjektive Sicht des Kunden wird in Zukunft darüber entscheiden, ob ein Anbieter Erfolg hat.[84]

Um Kundenzufriedenheit langfristig sicherzustellen, wird die vom Kunden wahrgenommene Dienstleistungsqualität kontinuierlich gemessen. Im Sinne eines ständigen Optimierungs- und Verbesserungsprozesses werden die Ergebnisse analysiert, Maßnahmen abgeleitet und auch diese wieder einer Überprüfung zugeführt.[85]

Die Kundenzufriedenheit generell gibt Auskunft über die Fähigkeit eines Anbieters, die Kundenbedürfnisse nicht nur zu kennen, sondern auch befriedigen zu können.[86]

82 Vgl. Preißner 2000, S. 144

83 Vgl. Winkelmann 1999, S. 133

84 Vgl. Kornmesser und Schreiber 1998, S. 139

85 Vgl. Schick und Kuchenbecker 1998, S. 12

86 Vgl. Scheer 2001, S. 45

Das Festlegen der Kennzahl kann in Teilschritten erfolgen:[87]

- Schritt 1:   Festlegen der wesentlichsten Einflussfaktoren.

- Schritt 2:   Analyse der Einflussfaktoren untereinander.

- Schritt 3:   Operationalisierung der komplexen Einflussfaktoren.

- Schritt 4:   Bewertung auf die Kundenzufriedenheit.

- Schritt 5:   Umsetzung in ein operationales Kennzahlensystem.

Andere Experten gehen wieder davon aus, dass die Einführung einer Kundenzufriedenheitsmessung in zehn Schritten zu erfolgen hat:[88]

- Erster Schritt: Anstoß und Planung.

- Zweiter Schritt: Festlegung der Kundengruppe(n).

- Dritter Schritt: Konzeption der Erhebungstechnik.

- Vierter Schritt: Befragung der Selbsteinschätzung.

- Fünfter Schritt: Organisation und Durchführung der Kundenbefragung.

- Sechster Schritt: Datenerfassung und Präsentationsaufbereitung.

- Siebter Schritt: Ergebnispräsentation und Maßnahmenerarbeitung.

- Achter Schritt: Kundeninformation und Kundendialog.

- Neunter Schritt: Controlling der Maßnahmenrealisierung.

- Zehnter Schritt: Dokumentation und Controllingroutine.

Aus der praktischen Erfahrung des Autors lässt sich hier anmerken, dass oftmals der vierte Schritt – Befragung der Selbsteinschätzung – im Zuge eines Design einer Kundenbefragung außer acht gelassen wird.

Für den Autor stellt aber gerade dieser Punkt einen relevanten dar, weil er genau den Unterschied zwischen Eigen- und Fremdsicht darstellt und weiters die Sicht auf die Kundenerwartungen relativiert.

---

87 Vgl. Preißner 2000, S. 145ff

88 Vgl. Kornmesser und Schreiber 1998, S. 143

Geht man nach Meister und Meister, kann die Kundenzufriedenheit im Zuge des problemkonkretisierenden Verbesserungsprozesses in vier Stufen dargestellt werden:[89]

Stufe 1: Analyse	Stufe 2: Synthese	Stufe 3: Revision	Stufe 4: Kultivierung
• Erfragung kritischer Ereignisse • Auswertung • Kategorisieren • Basis für das Management	• Ist-Zustand • Soll-Zustand aus Kundensicht Pflichtenheft erstellen Organisation kundengerecht gestalten	Die Einhaltung des Pflichtenheftes wird seitens des Managements überwacht	Die Kundenzufriedenheit wird permanent gepflegt Die Kundenorientierung wird gelebt

Abbildung 6: Kundenzufriedenheit in vier Stufen

(in Anlehnung an: Meister und Meister 1998, S. 91ff)

Winkelmann spricht von sieben Faktoren, die die Kundenzufriedenheit wesentlich beeinflussen:[90]

1. Qualität der Produkte und Serviceleistungen.

2. Qualität der auf den Kunden ausgerichteten Prozesse.

3. Flexibilität im Umgang mit dem Kunden.

4. Kompetenz der Verkaufsarbeit.

5. Offenheit im Informationsverhalten gegenüber dem Kunden.

6. Offenheit für Kundenanregungen und Zusammenarbeit.

7. Kundenkontakte durch Nicht-Vertriebsleute.

---

89 Vgl. Meister und Meister 1998, Kapitel 4, S. 91ff

90 Vgl. Winkelmann 1999, S. 135

4.2.2. Customer Lifetime Value (CLV)

Eine Definition von CLV lautet: „It is a measurement of what a customer is projected to be worth over a lifetime. CLV is also not a new concept – it is a staple of one of the earlier incarnations of CRM, database marketing, and has been calculated by direct marketers for years."[91]

Der Customer-Lifetime-Value ist der Kundenwert über die gesamte Geschäftsbeziehung hinweg und definiert sich als alle dem Kunden zurechenbaren Umsätzen und Kosten.[92]

Customer-Lifetime-Value-Management (CLV-M) bezeichnet die Ausrichtung aller Marketing- und Vertriebsmaßnahmen, somit auch des Customer Relationship Managements, nach dem Kundenwert. Die Gesamtheit aller Kundenbeziehungen soll zu einem wertoptimalen Kundenportfolio geführt werden mit dem Ziel einer bestmöglichen Maximierung des Unternehmensgewinns. CLV-Management ist neben dem Zahlenmanagement auch eine Strategie der Kundenorientierung.[93]

Der Kundenwert setzt sich aus quantitativen und qualitativen Bestimmungsgrößen zusammen:[94]

Zu den quantitativen werden Akquisitionskosten, Basisgewinn, (geringere) Betriebs- und Servicekosten sowie Umsätze aus Up-Selling und / oder Cross-Selling gezählt.

Zu den qualitativen zählen die Potenziale der Weiterempfehlung, der Lead-Customership und der Up-Selling und / oder Cross-Selling Möglichkeiten.

---

91 Greenberg 2001, S. 249
92 Vgl. Zezelj 2000, S. 12
93 Vgl. Zezelj 2000, S. 10
94 Vgl. Zezelj 2000, S. 13ff

Wie wird der Customer-Lifetime-Value berechnet?

Aus den dargestellten quantitativen und qualitativen Bestimmungsgrößen des Kundenwertes werden bei der Ermittlung des Customer-Lifetime Value unternehmensspezifisch diejenigen Größen ausgewählt, die erfasst werden können und Relevanz besitzen. Die tatsächliche Berechnung des Kundenwertes kann anhand der Kapitalwertmethode erfolgen. Dabei werden bei Beginn der Kundenbeziehung alle zukünftigen Ein- und Auszahlungen durch/für einen Kunden geschätzt und die voraussichtliche Dauer der Kundenbeziehung angenommen. Alle Ertragsströme werden mit dem unternehmenseigenen Zinssatz auf das aktuelle Datum abgezinst.[95]

Im CLV-M ist zusätzlich abzuwägen, welcher Aufwand für die Akquisition eines Kunden im Sinne seines Kundenwertes angemessen ist. Für die Steuerung der Vertriebsorganisation hat das CLV-M zur Auswirkung, dass nur die gewinnbringendesten Kunden durch einen Mitarbeiter des Außendienstes betreut werden. Allen anderen Kunden werden alternative Vertriebskanäle eröffnet.[96]

---

95 Vgl. Zezelj 2000, S. 15
96 Vgl. Zezelj 2000, S. 18

5.IT als Säule des Relationship Managements

Im vorigen Kapitel wurden die beiden Kennzahlen „Kundenzufriedenheit" und „Customer Lifetime Value" als die beiden wesentlichen aus Sicht des Autors für das Customer Relationship Management dargestellt.

In diesem fünften Kapitel wird die Informationstechnologie (IT), die einen wesentlichen Beitrag für ein erfolgreiches Customer Relationship Management beiträgt, dargestellt.

„Unter Informations- und Kommunikationstechnik [...] werden die technischen Basissysteme für betriebswirtschaftliche Anwendungssysteme zusammengefasst. Hierzu zählen Computer-Hardware, Software-Entwicklungsmethoden, Verfahren der Kommunikationstechnik, wie z.B. Netze, Übertragungsverfahren, Protokolle."[97]

Unter Systemen der IV, der Informationsverarbeitung wird die Gesamtheit aller Programme verstanden sowie die dazugehörigen Daten für ein konkretes betriebliches Anwendungsgebiet.[98]

Hansen setzt die Begriffe Informationsverarbeitung und Informationstechnik gleich und definiert deren Inhalt als Angaben über die reale Welt. Solche Informationen werden als Nutzinformation beziehungsweise Nutzdaten (utility data) bezeichnet.[99]

---

97 Abts und Mülder 2001, S. 4

98 Vgl. Stahlknecht und Hasenkamp 1999, S. 344

99 Vgl. Hansen 1998, S. 9

Aus Sicht der Informationstechnologie zählen zum CRM die Systeme des Back Office mit geeigneter Analysefunktionalität (z.b. Data Mining), um Kundenpräferenzen erkennen und speziell darauf reagieren zu können. Hinsichtlich der Datenverfügbarkeit ist eine Integration zu gewährleisten, dass Kundendaten verschiedener Systeme mit gegebenenfalls unterschiedlichen Schlüsselattributen für identische Kunden zusammengeführt werden können.[100]

Im Rahmen der Fragebogenerhebung stellte sich heraus, das mehr als 81% der Befragten CRM mit einer Software gleichsetzen, die beim Verkauf hilft, indem alle kundenrelevanten Daten in einer Datenbank gespeichert werden und abrufbar sind.

Die Informationstechnik spielt im Management der Geschäftsprozesse eine bedeutende Rolle. Moderne Informationstechnik ermöglicht die Neugestaltung von Prozessen und unterstützt somit die Geschäftsprozessoptimierung.[101]

Doch es geht nicht alleine um die Prozessoptimierung, sondern vor allem auch um den Informationstransfer innerhalb eines Unternehmens. Es ist nicht ausreichend, durch intensive Marktforschung, Konkurrenzbeobachtung und Analyse von Markttrends die Kundenerwartungen zu ermitteln, wenn diese Informationen in der Marketingabteilung gesammelt werden. Kundenrelevante Informationen müssen in allen Unternehmensbereichen bekannt sein. Alle Mitarbeiter benötigen ein gemeinsames Verständnis der Kundenbedürfnisse, um kundengerechte Problemlösungen zu entwickeln.[102]

---

100 Vgl. Fink et al 2001, S. 210

101 Vgl. Abts und Mülder 2001, S. 287

102 Vgl. Handlbauer, Hinterhuber und Matzler 1998, S. 36

Konkrete Funktionen eines im Unternehmen eingesetzten CRM-Systems können sein:[103]

1. Speicherung von Kundenbetrieben und den dortigen Ansprechpartnern, sodass das Wissen auch erhalten bleibt, wenn die Außendienstmitarbeiter das Unternehmen verlassen.

2. Fortschreiben der Kundenbeziehung (was hat der Kunde wann von uns gekauft?).

3. Kundendaten - Analyse, z.B. mithilfe von Data Mining.

Die Speicherung von kundenrelevanten Daten ist auch bei der Befragung als wesentlicher Vorteil von annähernd 82% der Befragten bestätigt worden.

Heute bietet die IT neue Möglichkeiten zur Gestaltung effizienter und konkurrenzfähiger Organisationen und verändert dadurch grundlegend die Art und Weise der künftigen Unternehmensstrukturen. Oftmals legen Unternehmen zuerst die Organisationsstruktur fest und versuchen daran anschließend mit Hilfe der Informationstechnologie (z.B. Netzwerken, Software) Transaktionsprozesse zu unterstützen.[104]

Diese Aussage wird auch durch die Fragebogenerhebung bestätigt, denn annähernd 94% der Befragten geben an, dass die notwendigen Vorarbeiten – inkl. dem Prozessmanagement - bei der Implementation eines CRM-Systems vorab abgeschlossen sein müssen. Gelingt dies nicht, sinkt die Akzeptanz des Mitarbeiters gegenüber dem System auf ein Minimum.

---

103 Vgl. Mertens et al 2001, S. 102

104 Vgl. Lombriser und Abplanalp 1998, S. 313

Die grundlegenden Anforderungen an die Funktionalität der CRM-Systeme ergeben sich aus den Komponenten des CRM-Modells:[105]

- *Prozessausrichtung*: bezogen sowohl auf Kundenprozesse als auch auf CRM-Prozesse.

- *Multikanalfähigkeit*: Bedienung verschiedenster Medien vom stationären Verkaufsmitarbeiter über den mobilen Service-Außendienst bis zu Call Center, WWW und WAP.

- *Multimedia*: Unterstützung strukturierter Daten und multimedialer Dokumente.

- *Personalisierung*: Individuelle Bildschirm-Ansichten werden dem einzelnen Mitarbeiter und Kunden geboten.

- *Skalierbarkeit*: Nutzung umfangreicher Datenmengen bei hohen Nutzer-zahlen.

- *Integration*: Zusammenführen von Daten aus verschiedensten Systemen zum Aufbau der für Kunden- und CRM-Prozesse notwendigen Wissensbasis.

---

105 Vgl. Bach und Österle 2000, S. 30

5.1.Daten, Datenbanken und Data Warehouse

Wie in den einführenden Definitionen ersichtlich, leistet die moderne Informationstechnologie einen wertvollen Beitrag für das Customer Relationship Management.

Die einfache und rasche Datenverwaltung ist aus Sicht des Vertriebsmitarbeiters ein wesentlicher Nutzen von CRM-Anwendungen. Annähernd 97% der befragten Vertriebsmitarbeiter erwarten sich von einem CRM-System einen Zugriff auf Kundendaten ohne erheblichen Zeitaufwand.

Die Basis aller unternehmensrelevanten Daten – Zeichen, die Objekte durch Merkmale beschreiben – bildet das Data Warehouse.[106]

Es stellt eine spezielle Ausprägung formatierter Datenbanken dar mit der Zielvorstellung, dem Management im Rahmen seiner Entscheidungsprozesse Daten aus operativen Systemen zur Verfügung zu stellen.[107]

Mit Datenbank wird ein logisch integrierter Datenbestand definiert, der unter Verwendung von speziellen Programmen verwaltet wird und mit Hilfe eines Datenmodells beschrieben wird.[108]

Datenbank ist auch jener Begriff, der von einem Drittel der befragten Vertriebsmitarbeiter mit CRM gleichgesetzt wird.

Eine weitere Definition von Data Warehouse beschreibt dieses als ein komplexes Datenbanksystem mit Daten aus unterschiedlichen unternehmensinternen und – externen Datenbanken.[109]

---

106 Vgl. Mertens et al 2001, S. 58

107 Vgl. Voß und Gutenschwager 2001, S. 255

108 Vgl. Pernul und Unland 2001, S. 11

109 Vgl. Mertens et al 2001, S. 59

In einem Data Warehouse werden die Datenbanken der verschiedenen Abteilungen in einer großen Datenbank zusammengeführt. Somit ist eine Verknüpfung der verschiedenen Daten sichergestellt. Ziel eines Data Warehouses ist es, aus der Verknüpfung der Daten spezifische Informationen (für das Management) zu erzielen.[110]

Die bedeutendsten Ziele eines Data Warehouse werden in der Verbesserung der zur Verfügung gestellten Informationen sowie in einer Steigerung der End-benutzerproduktivität gesehen.[111]

Um auf die Vielzahl an Daten, die sich in einem Unternehmen im Zeitablauf ansammeln, zugreifen zu können, umfasst ein Data Warehouse angepasste Zugriffswerkzeuge, sogenannte Front-Ends (z.B. Report-Tools, OLAP-Server), die einen dementsprechenden Zugriff gewährleisten.[112]

OLAP, Online Analytical Processing, bedeutet für Führungskräfte einen schnellen (´Fast`), im Mehrnutzbetrieb (´Shared´) nutzbaren Zugriff auf eine umfassende, mehrdimensionale Analyse aller betrieblichen Informationen.[113]

Doch ein Data Warehouse alleine genügt nicht, um die betriebswirtschaftlich wichtigen Daten zur Verfügung zu stellen. Es bedarf dem sogenannten Data Mining. Dieses bezeichnet ein Verfahren, mit denen in einem Datenbestand nach unbekannten Zusammenhängen gesucht wird.[114]

Der Nutzen von Data-Mining, dem Prozess zum Entdecken und Extrahieren unbekannter, jedoch wichtiger Informationen aus großen Datenbeständen, wird in den folgenden fünf Ergebnistypen definiert:[115]

- Aufzeigen von Beziehungen oder Verbindungen von Daten.

- Zeitreihenmuster, bei dem Entwicklungen im Zeitablauf dargestellt werden.

---

110 Vgl. Jobs 2000, S. 157

111 Vgl. Voß und Gutenschwager 2001, S. 258

112 Vgl. Voß und Gutenschwager 2001, S. 259

113 Vgl. Stahlknecht und Hasenkamp 1999, S. 417

114 Vgl. Stahlknecht und Hasenkamp 1999, S. 417

115 Vgl. Rudolph und Rudolph 2000, S. 144f

- Klassifikationen von Verhaltensmustern, die somit kategorisiert werden können und bereits bestehenden Gruppen zugeordnet werden können.

- Clusterbildung, ident mit Klassifikation; im Unterschied zu dieser besteht noch keine Gruppe, der man ein Verhaltensmuster zuordnen könnte.

- Vorhersage als der Prozess, der sich mit den zukünftigen Ereignissen auseinander setzt.

Die Vielfältigkeit von (unternehmensinternen) Daten kann anhand der folgenden Klassifizierung von Datenkriterien erkannt werden:[116]

- der Zeichenart (dem Datentyp): numerische und alphanumerische Daten,

- der Erscheinungsform: sprachliche, bildliche und schriftliche Daten,

- der Formatierung: formatierte und unformatierte Daten,

- der Stellung im Verarbeitungsprozess: Eingabe- und Ausgabedaten,

- dem Verwendungszweck:

  o selten zu ändernde Stammdaten.

  o Bewegungsdaten, die den Bestand verändern.

  o Transferdaten, die in einem Programm erzeugt und in einem weiteren verarbeitet werden.

  o Vormerkdaten, die so lange existieren, bis ein bestimmtes Datum erreicht ist.

Nach diesen ausführlich gehaltenen Definitionen stellt sich die Frage, wofür benötigt ein Unternehmen ein Data-Warehouse, und womit werden die ressourcenaufwendigen Vorarbeiten begründet?

Die Begründung lässt sich wie folgt geben: Eine der wesentlichen Anwendungen für ein Data-Warehouse stellt das Kundenmonitoring dar. Dieser Schritt im Customer-Lifetime-Value-Managment liefert ein Kennzahlensystem, das die Entscheidungsgrundlage für jeglichen Maßnahmeneinsatz darstellt. Ziel ist es

---

116 Vgl. Mertens et al 2001, S. 58

hierbei, das Kundenverhalten zu verstehen und aus diesem Verständnis heraus frühzeitig die richtigen Maßnahmen abzuleiten.[117]

Mögliche unternehmensstrategische Ziele, die durch den Einsatz eines Data-Warehouses begründet sind, lassen sich wie folgt definieren:[118]

- Churn – Analyse: Gründe für das Wechselverhalten des Kunden werden eruiert und Maßnahmen abgeleitet, die diesem Verhalten entgegenwirken.

- Zielgruppen – Analyse: optimale Produktabstimmung aufgrund genauer Analyse des Kaufverhaltens des Kunden.

- Budget – Analysen: Möglichkeit, den Erfolg einer Werbekampagne messbar zu machen und deren Effektivität zu überprüfen.

- Cross – Selling: Möglichkeit, Verkaufserfolge unterschiedlicher Produktpaletten übergreifend auszuwerten.

- Fertigung: Trenderforschung durch Data - Warehouse möglich, gewährleistet eine rasche Reaktion der Fertigung.

Eine im Zusammenhang mit dieser Thematik überaus wichtige Zieldefinition für den Einsatz eines Data - Warehouses ergibt sich im Vertriebsbereich: Hierbei findet eine Analyse von Kaufgewohnheiten über einen längeren Zeitraum statt. Wesentliche Variablen der Analyse sind geographische Elemente und Produkte. Mit Hilfe dieser Analysen lassen sich die Vertriebsressourcen optimal einsetzen und die Marketingaktivitäten gezielt steuern.[119]

---

117 Vgl. Jobs 2000, S. 159
118 Vgl. Jobs 2000, S. 159ff
119 Vgl. Jobs 2000, S. 161

5.2. Von der Rationalisierung zum Beziehungsmanagement

Die in Vertriebsorganisationen eingesetzten IT-Systeme durchliefen, im Zeitverlauf betrachtet, mehrere Stufen mit unterschiedlichen Zielsetzungen.

Mitte der Achtzigerjahre wurden sogenannte CAS – Systeme (Computer Aided Selling) implementiert, mit deren Unterstützung in erster Linie Rationalisierungsziele zu erreichen versucht wurden. In etwa zur selben Zeit wurden in den USA Systeme der Sales Force Automation (SFA) eingesetzt.[120]

Die Unterstützung von Informationstechnologie hat sich aber nicht nur im Verkaufsbereich etabliert, sondern auch in anderen Unternehmensbereichen. Die Begriffe Computer Aided Engineering[121], Computer Aided Planning[122], Computer Aided Process Planning[123], Computer Aided Quality Assurance[124] und Computer Aided Design[125] belegen diesen Trend der damaligen Zeit.

Beide Systeme hatten zur primären Aufgabe, die papierorientierte Organisation durch Datentechnik zu ersetzen. Außerdem dienten sie zur Überwachung von Außendienstorganisation.[126]

Der Überwachungsaspekt stellt auch bei den heute im Einsatz befindlichen CRM-Systemen ein Thema dar. Mehr als die Hälfte aller Befragten (57.6%) geben an, dass CRM ein „Kontrollinstrument ist, das einen Vertriebsmitarbeiter zum gläsernen Menschen werden lässt".

Die für ein Unternehmen typischen Anwender der oben genannten Systeme sind einerseits Vertriebsmanagement, -controlling und Key Account Management, andererseits der Vertriebsinnendienst sowie der Vertriebsaußendienst.[127]

---

120 Vgl. Schwetz 2000, S. 21
121 Vgl. Scheer 1998, S. 553
122 Vgl. Scheer 1998, S. 574
123 Vgl. Scheer 1998, S. 576
124 Vgl. Scheer 1998, S. 333
125 Vgl. Scheer 1998, S. 420
126 Vgl. Schwetz 2000, S. 21
127 Vgl. Schwetz 2000, S. 21

Der Fokus von CAS und SFA liegt eindeutig im Bereich der Steuerung (Planung, Koordination und Kontrolle), der Kommunikation (Direktmarketing, Telemarketing, Kundenbetreuung) und der Administration (Terminplanung, Angebote und Aufträge, Reporting).[128]

Im Bereich der Vertriebssteuerung haben die befragten Mitarbeiter dieselbe Meinung, da 95% angeben, dass ein Nutzen von CRM die Steuerung des Außendienstes darstellt.

Die Kundenbeziehungen wurden zwar in diesen Systemen mitverwaltet, jedoch nur als begleitendes Instrumentarium. Hatten die Anwender von CAS- oder SFA-Systemen Schwierigkeiten mit der Akzeptanz, so ging mit CRM die Zielsetzung in eine andere Richtung: vorbei am Außendienstmitarbeiter direkt zum Kunden.[129]

Die Vorteile eines im Unternehmen eingesetzten CAS-Systems liegen im wesentlichen in den folgenden Punkten:[130]

- Alle relevanten Kundendaten sind für alle Mitarbeiter online abrufbereit.

- Eine doppelte Datenhaltung wird vermieden.

- Die Markt- und Kundendaten sind stets aktuell.

- Suchprozesse greifen automatisch auf das gesamte System zu.

- Die Vernetzung bewirkt eine enorme Verarbeitungsgeschwindigkeit.

---

128 Vgl. Schwetz 2000, S. 24

129 Vgl. Schwetz 2000, S. 23

130 Vgl. Winkelmann 1999, S. 248

Die Funktionen von CRM-Systemen können übersichtlich dargestellt werden.

Tabelle 2:   Funktionen von CRM-Systemen

(in Anlehnung an: Schmid, Bach und Österle, in: Bach und Österle 2000, S. 31)

Marketing	Verkauf	Service	Führung und Unterstützung
Kampagnen-Management	Account-Management	Problemlösungs-Management	(Gruppen-) Kalender (-Integration)
Kundenselektion	Contact-Management	Call Center Management	E-Mail-Integration
Marketing-Enzyklopädie	Opportunity-Management	Serviceanalysen	Berichtswesen (Reporting)
Marketing-Analysen	Activity-Management	Management Serviceverträge	Workflow-Management
Marktsegmentierung	Informationen zu Verkaufsvorgängen	(Internet) Self Service	Dokumenten-Management
Kundenprofil-verwaltung	Informationen zu Wettbewerbern	Außendienstservice (Field Service)	Suchmaschinen
Abwicklung von Marktuntersuchungen und Kundenbefragungen	Produktkonfigurator		Monitoring- und Frühwarnfunktion
	Angebotserstellung, Preisfindung und Auftragserfassung		
Management des Produktportfolios und des Produktlebens-zyklus	Vertriebsplanung		
	Vertriebsanalyse und Forecasting		
	Mobile Sales		

5.3. CRM-IT Anbieter am globalen Markt

Die IT ermöglicht das Ausschöpfen aller Potenziale und bietet eine Vielzahl von Ansatzpunkten für Customer Relationship Management. Der Einsatz der IT beschränkt sich nicht auf die reine Unterstützung von internen Arbeitsabläufen, sondern dem Schaffen eigenständiger Quellen der Wertschöpfung. Der optimierte, kundenorientierte Einsatz moderner IT wird zum kritischen Wettbewerbsfaktor.[131]

Im wesentlichen kann zwischen zwei großen Gruppen von Software unterschieden werden: Standardsoftware, die fertige Programme, die auf Allgemeingültigkeit und mehrfache Nutzung hin ausgelegt sind, bezeichnet. Individualsoftware, die hingegen jene Programme umfasst, die für einen Kunden eigens erstellt worden sind.[132]

CRM-Standardsoftware erlaubt eine integrierte Abwicklung der Prozesse Marketing, Verkauf und Service, basierend auf einem einheitlichen Datenbestand an Produkt- und Kundeninformationen. Durch die Integration der CRM-Prozesse wird der Informationsfluss zwischen den Prozessen gefördert.[133]

Die Vorteile des Einsatzes von Standard-Software ergeben sich wie folgt:[134]

1. Kostengünstigkeit.

2. Zeitersparnis.

3. Kompensierung vorhandener Ressourcenengpässe.

4. Zukunftssicherheit.

---

131 Vgl. Schmid, Bach und Österle 2000, S. 13

132 Vgl. Hansen 1998, S. 172

133 Vgl. Schmid, Bach und Österle 2000, S. 17

134 Vgl. Hansen 1998, S. 173

Die Nutzung von bestehenden Prozessen und Datenstrukturen, sowie eine Verminderung des technologischen Risikos sind zwei weitere Vorteile, die sich durch die Nutzung von Standardsoftware ergeben.[135]

Doch bei allen Vorteilen müssen auch die Nachteile eines Einsatzes von Standardsoftware erläutert werden:[136]

- Die Eigenschaften des Softwarepaketes stimmen nicht mit den Anforderungen des Anwenders überein.

- Die innerbetriebliche Ablauforganisation muss dem Softwarepaket vor dessen Implementation angepasst werden.

- Möglicherweise Probleme bei Schnittstellen zu anderer, im Unternehmen verwendeter, Software.

- Möglicherweise Abhängigkeit zum Anbieter der Software.

Alle diese eben genannten Nachteile werden aber im Zuge einer umsichtigen und professionellen Projektierung und Ausarbeitung vor der Implementation mitberücksichtigt, bzw. in den Auswahlprozess für die Software eingebunden. Dieser Prozess zur korrekten Auswahl der Software ist notwendig, da getroffene Entscheidungen bei der Einführung von Standardsoftware nur mit Schwierigkeiten oder erheblichem Ressourcenaufwand rückgängig zu machen sind.[137]

---

135 Vgl. Schmid, Bach und Österle 2000, S. 18

136 Vgl. Stahlknecht und Hasenkamp 1999, S. 305

137 Vgl. Stahlknecht und Hasenkamp 1999, S. 306

Oracle definiert für ein zukunftssicheres Customer Relationship Management die folgenden Thesen:[138]

1. CRM-Anbieter sollen über ein vollständiges Lösungspotential verfügen, das alle funktionalen Aspekte in Marketing, Vertrieb und Service sowie die Unterstützung aller Kanäle zum Kunden anbietet.

2. CRM-Lösungen sollen nicht nur Prozesse automatisieren, sondern das Geschäft durch die Integration von Wissensmanagement optimieren.

3. CRM-Anwendungen müssen durchgängig in die unternehmensweiten ERP-Systeme integriert werden.

4. CRM-Anwendungen müssen hundertprozentig auf vernetzte Unternehmen und die Technologien des Internet ausgerichtet sein.

5. CRM-Lösungen sind nur dann durchsetzbar, wenn sie nachweislich die Kosten reduzieren, einen sichtbaren Kundennutzen, eine schnelle Implementation und eine einfache Anwendung sicherstellen.

6. CRM-Lösungen brauchen begleitende Beratung. Anbieter sollten nicht nur über Technologien, sondern über ein angemessenes Beratungs- und Methodenspektrum verfügen.

Es sollen die namhaften Firmen, die als Vertreter für CRM-(Standard)Software stehen, erwähnt werden: Applix, Baan, Clarify von Nortel, IBM (in Kooperation mit Vantive und Siebel), Navision, Oracle, Orbis, Origin (seit kurzem durch Fusion auch Atos Origin), peoplesoft (Fusion mit dem CRM-Spezialisten Vantive), Regware, SAP (mit dem Produkt mySAP CRM) und der Weltmarktführer Siebel.

---

138 Vgl. Kropp 1999, S. 5

Alle diese auf CRM spezialisierten Unternehmungen agieren in einem hart umkämpften Markt, in den auch die Anbieter von ERP-Software einzudringen versuchen. Entweder mittels Firmenaufkäufe oder aber Kooperationsvereinbarungen (Lizenzverträge).[139]

Dass der CRM-Markt ein lukrativer nicht alleine für Software - Anbieter ist, bestätigen auch die folgenden Zahlen der umsatzstärksten CRM-Berater Deutschlands im Jahr 2001:[140]

Das Ranking wird angeführt von der Softlab Gmbh mit 180 Millionen DM (geschätzt) vor T-Systems (160 Mio. DM), NCR GmbH (109,2 Mio. DM), KPMG Consulting AG (78 Mio. DM) und Materna GmbH (75 Mio. DM).

---

139 Vgl. Schimmel-Schloo, Martina: ERP-Anbieter wollen ein Stück vom CRM-Kuchen, in: acquisa, Februar 2002. S. 41

140 Vgl. Schimmel-Schloo, Martina: Die Berater machen das große Geschäft, in: acquisa, November 2001, S.50

6.Wie man Vertriebsmitarbeiter auf CRM einschwören kann – mögliche Lösungsansätze

Die Ergebnisse der Fragebogenerhebung sind in den vorangegangenen Kapiteln bereits eingearbeitet worden. In diesem Kapitel stehen mögliche Lösungsansätze in Form von „Management-Tools" im Vordergrund, die es dem Management ermöglichen, eine proaktive CRM-Kultur im Unternehmen aufzubauen.

6.1.Mitarbeiterorientierung

Der einfachste Ansatz liegt darin, dem Mitarbeiter des Vertriebsaußendienstes klarzulegen, dass CRM ein wichtiges Erfolgskriterium für ihn und das Unternehmen darstellt.

Um ein effektives Vertriebsteam zu etablieren, sind systemimmanente Strukturen und Konzepte zu installieren. Wenn Mitarbeiter dadurch in die Lage versetzt werden, im Markt zu agieren, verfolgen sie die Kundenorientierung mit Freude (intrinsische Motivation).[141]

Ein Unternehmen mit der Zielorientierung eines langfristigen Aufbaus von Kundenbeziehungen, möchte, dass sich Mitarbeiter und Lieferanten den Zielen des Unternehmens verpflichtet fühlen.[142]

Wenn das Management von seinen Mitarbeitern verlangt, kundenorientiert zu agieren, muss ihnen der nötige Handlungs- und Entscheidungsspielräume eingeräumt werden.[143]

---

141 Vgl. Winkelmann 1999, S. 15

142 Vgl. Rößl 2000, S. 47

143 Vgl. Staminski 1998, S. 251

Der Vertriebsmitarbeiter agiert im wesentlichen in drei Funktionen: als Problemlöser, Partner und Koordinator des Kunden.[144]

Um dem Mitarbeiter des Vertriebsaußendienstes die Chance auf den Erfolg zu gewährleisten, bedarf es der folgenden Voraussetzungen:[145]

Klare Aufgaben, sichere Einbindung in die Organisation, Zuteilung von Kompetenz und Verantwortung, Budgetverantwortung und Sozialkompetenz.

Ohne modernem IT-Einsatz lassen sich bestehende wettbewerbsbedingte Defizite nicht beseitigen. CRM-Systeme helfen, auf Basis einer Reorganisation des Vertriebs und der Vertriebsprozesse, diese Schwierigkeiten zu minimieren.[146]

Darüber hinaus ist dem Außendienstmitarbeiter darzulegen, dass der Einsatz von IT-Systemen zu seiner Entlastung beitragen kann. Vorausgesetzt, der richtige Umgang mit dem „Hilfsmittel" IT ist gegeben. Der IT-Einsatz im Vertrieb muss mit dem Ziel angelegt sein, den Außendienst von administrativen und anderen verkaufsfremden Tätigkeiten zu entlasten.[147]

Fast einstimmig (96,6%) lautet die Aussage der befragten Vertriebsmitarbeiter, dass mittels CRM Kundendaten ohne erheblichen Zeitaufwand abfragbar sind – was dem Ziel, den administrativen Aufwand zu minimieren, stark entgegenkommt.

Der richtige Einsatz von CRM-Tools ermöglicht aber auch eine Erhöhung der Trefferquote durch die effizientere Nutzung der Zeitressourcen.

Dabei stehen die Vertriebsplanung nach Potenzial ABC, die Besuchsplanung nach Potenzial- und Chancenbewertung, Angebotslegung und die systematische Angebotsverfolgung im Vordergrund.[148]

---

144 Vgl. Winkelmann 1999, S. 40
145 Vgl. Winkelmann 1999, S. 40
146 Vgl. Schwetz 2000, S. 45
147 Vgl. Schwetz 2000, S. 99
148 Vgl. Schwetz 2000, S. 101

In einem Unternehmen, das CRM in den Mittelpunkt stellt, sollen die folgenden Verhaltensweisen der Mitarbeiter gefordert und gefördert werden:[149]

- Selbständiges, unternehmerisches Verhalten, das den Mitarbeiter auch befähigt, im Sinne der Kundenorientierung und –zufriedenheit zu improvisieren.

- Risikobereitschaft, weil der Mitarbeiter in der Rolle des „Unternehmers" erst lernen muss, dass er Entscheidungen selbständig treffen kann, diese aber auch zu verantworten hat.

- Identifikation mit der Aufgabe, und somit auch in weiterer Linie mit dem Unternehmen.

- Mithilfe einer langfristigen Perspektive des Angestellten im Unternehmen, dem Zeigen möglicher Karriereschritte, maximiert die Führung das Engagement des Mitarbeiters.

- Der Mitarbeiter muss in der Lage sein, die aktuelle Situation zu hinterfragen. Er muss bestrebt sein, aktuelle Routinen abzuändern, um damit dem Kunden einen gesteigerten Nutzen darlegen zu können.

Rößl hat zwar diese Kriterien, nach denen ein Mitarbeiter agieren sollte, speziell für Klein- und Mittelbetriebe als entscheidend dargestellt. Der Verfasser ist jedoch davon überzeugt, dass diese Kriterien auch für Mitarbeiter gelten, die in anderen – seien es größere, global agierende – Unternehmen tätig sind.

Der Autor geht auch mit Rößl konform, dass dieses Verhalten seitens der Unternehmensleitung nicht erzwingbar ist, sondern gelebt werden muss. Dieser Aussage wird auch seitens der befragten Vertriebsmitarbeiter zugestimmt, denn mehr als 98% von ihnen geben an, dass CRM seitens des Management vorgelebt werden muss.

---

149 Vgl. Rößl 2000, S. 73ff

Mittels Anordnungen und Kontrollen erzwungenes initiatives Verhalten ist von vornherein zum Scheitern verurteilt.[150]

Aus Sicht des CRM wird der Vertriebsmitarbeiter als Kundenbeziehungs-Manager dargestellt, der neben seinem eigentlichen „Handwerk" Verkauf auch CRM-relevante Erfolgskriterien nicht außer acht lassen darf:[151]

- Der Blick muss auf die wirtschaftlich attraktiven Kundensegmente gerichtet sein.

- Der Schwerpunkt der Vertriebsaktivitäten muss auf der Verbesserung der Kundenbeziehungen liegen, mit der Zielsetzung einer lebenslangen Kundenbeziehung.

- Der Verkaufsprozess soll sich an den Prozessen den Kunden orientieren.

- Im Rahmen der Vertriebsoptimierung muss über die Unternehmensgrenzen hinaus gedacht werden (z.B. Konkurrenzbeobachtung, Benchmark).

Eines muss an dieser Stelle unbedingt klar gestellt werden: Customer Relationship Management unterstützt den Vertrieb und ist nicht dazu da, Agenden des Vertriebs zu ersetzen.

Aus der CRM-Sicht spielt der Vertrieb eine wichtige Rolle, denn er hat das größte Kundenwissen und ist zudem der einzige, der vor Ort beim Kunden strategische Entscheidungen treffen kann.[152]

---

150 Vgl. Rößl 2000, S. 75f
151 Vgl. Rapp 2001, S. 174f
152 Vgl. Rapp 2001, S. 173

6.2.Führungsverantwortung des Managements

Mit dem Begriff Führung im betriebswirtschaftlichen Kontext wird gemeint, dass es sich um einen Prozess der sozialen Beeinflussung handelt, in dem eine Person (der Führende) eine andere (die Geführten) zur Erfüllung gemeinsamer Aufgaben veranlasst.[153]

Führungskräfte sind mit Weisungsbefugnissen ausgestattete Mitglieder einer Organisation, deren wesentliches Kriterium die Vorgesetzteneigenschaft darstellt.[154]

Der Begriff Personal- oder Mitarbeiterführung charakterisiert die Vorgehensweise in der Personalpolitik im Umgang mit den Mitarbeitern. Zu den wichtigsten Führungsinstrumenten zählen Mitarbeiterbeurteilung, Informationsweitergabe, Lob und Tadel, Delegation und Mitarbeitergespräch.[155]

Ein ebenfalls in diesem Zusammenhang sehr oft erwähnter Begriff ist „Leadership". Damit ist gemeint, neue Möglichkeiten zu erschließen sowie Menschen anzuregen, sich für gemeinsame Ziele einzusetzen. Management dagegen ist kreatives Problemlösen.[156]

Doch diese Mitarbeiterorientierung erfordert auch vom Vertriebsmanagement ein Umdenken, gilt es doch, den Übergang vom Transaktionsverkauf zum „Relationship Sales" zu ermöglichen.

---

153 Vgl. Steyrer 1996, S. 155

154 Vgl. Schreiber 2000, S. 177

155 Vgl. Schreiber 2000, S. 355

156 Vgl. Hinterhuber 2002, S. 40

Die Unterschiede zwischen diesen beiden Formen können wie folgt dargestellt werden:

Tabelle 3:   Unterschiede zwischen Transaktionsverkauf und Relationship Marketing (in Anlehnung an: Winkelmann 1999, S. 146)

Transaktionsverkauf versus Relationship Marketing / Sales		
	Transaktionsorientierter(s) Sales / (Marketing)	**Relationship Sales / Marketing**
Ziel	• Verkaufsabschluss, Umsatz-generierung • Kauf- und Verkaufswerte durch einzelne Transaktion bestimmt	• Etablierung langfristiger Geschäftsbeziehungen • Langfristige Wertgen-erierung durch Kunden-integration
Paradigma	• Mass Production, Economies of Scale sind auszuschöpfen • Standardisierter Leistungs-austausch ist anzustreben	• Erfahrungsgewinnung ist wichtiger als Absatz-menge • Individualisierte Leistungsgenerierung ist anzustreben
Kunden-verständnis	• Leitbild des anonymen Kun-den • Verkäufer ist vom Käufer relativ unabhängig (Bild der Laufkundschaft)	• Leitbild des einzigartigen Kunden, der individuell zu bedienen ist • Verkäufer und Käufer sind in wechselseitiger Abhängigkeit
Marktsicht	• Geschäfte erhalten ihre Wertigkeit durch Produkte und Profite • Priorität für Neukunden-gewinnung	• Geschäfte erhalten ihre Wertigkeit durch Problem-lösungskompetenz • Priorität für Wert-steigerungen in beste-henden Beziehungen
Marketing-verständnis	• Produkte im Mittelpunkt • Kundenkontakt als Episode • Standardisierte Verkaufsargumente	• Service im Mittelpunkt • Kundenkontakt als kon-tinuierlicher Prozess • Individualisierter Kundendialog

Als ernüchternd kann hier das Ergebnis der Fragebogenerhebung genannt werden. 78% der befragten Vertriebsmitarbeiter geben an, dass es keinerlei Konsequenzen nach sich zieht, wenn das CRM-System nicht verwendet wird. Immerhin bestätigt dieselbe Anzahl der Befragten, dass die Arbeit mit dem CRM-System in der jährlichen Zielfestsetzung mitberücksichtigt wird.

Das Management muss sich im Bewusstsein dieser Unterscheidungsmerkmale dazu entschließen, ihren Mitarbeitern die Freiräume zu geben, damit sich diese „zu Beziehungspartnern neuen Stils"[157] entwickeln können.

Ernüchternd auch das Ergebnis der Befragung, dass mehr als 76% der Befragten angeben, dass es keinerlei Bemühen seitens des Vorgesetzten gibt, auf die Widerstände der Mitarbeiter gegen ein CRM-System einzugehen!

Sollten Widerstände gegen ein im Unternehmen zum Einsatz gelangendes CRM-System auftreten, so können seitens des Managements die folgende Maßnahmen gesetzt werden:[158]

- Die Geschäftsführung muss hundertprozentig hinter der CRM-Strategie stehen und mit gutem Beispiel vorangehen.

- Die Mitarbeiter sind in das Gesamtprojekt einzubinden - am besten noch vor der Implementierung eines CRM-Systems.

- Benchmarking mit anderen Firmen, wie deren Umgang mit CRM ist und welchen Nutzen das Unternehmen daraus bereits gezogen hat.

- Es ist eine angemessene Schulungszeit für das Erlernen des CRM-Systems einzuplanen sowie für weiterführende Schulungen (ongoing trainings).

157 Winkelmann 1999, S. 146

158 Vgl. Winkelmann 1999, S. 253

Mit Benchmarking bezeichnet man ein „Instrument der Wettbewerbsanalyse für den ständigen Vergleich von Dienstleistungen, Produkten und Methoden. Anhand einer Maßzahl soll versucht werden, Unterschiede festzustellen, Verbesserungsmöglichkeiten aufzudecken oder Leistungslücken zum ´Klassenbesten´ (Organisationen, die Prozesse und Methoden hervorragend beherrschen) zu schließen. [...]".[159]

Was sollte seitens des Managements getan werden, um die Akzeptanz der Mitarbeiter CRM gegenüber zu erhöhen?

Der Befragung zufolge sollen die Vorarbeiten bei der Implementation abgeschlossen sein (93,2%), das Management muss den CRM-Gedanken vorleben (91,5%), und der Vertrieb muss einen deutlichen Nutzen durch den Einsatz von CRM erfahren (81,4%). Gerade dieses Vorleben des CRM-Gedankens und die Nutzenstiftung sind die beiden Hauptfaktoren, die durch den Manager direkt – sowohl positiv wie negativ - beeinflussbar sind.

Ein Muss für das Management ist die individuelle Personalentwicklung für den Vertriebsmitarbeiter (aber nicht nur für diesen!). Mit der individuellen bedarfsorientierten Personalentwicklung wird das Ziel verfolgt, dass die Mitarbeiter Tätigkeiten ausüben, die ihnen einerseits Befriedigung und andererseits einen Ausgleich zwischen Beruf und Privatleben ermöglichen. Damit soll eine Integration der Mitarbeiterbedürfnisse, der Unternehmenszielsetzungen und der Kundenerwartungen erreicht werden.[160]

---

159 Rürup 1998, S. 38f
160 Vgl. Batz und Andreschak 1998, S. 220

Batz und Andreschak legen sieben Phasen der individuellen Mitarbeiterentwicklung fest:[161]

- Phase 1: Zieldefinition

Definition der Entwicklungsrichtung und der durchzuführenden Maßnahmen.

- Phase 2: Bestandsaufnahme

Analyse und Bestimmung der allgemeinen und individuellen Anforderungen.

- Phase 3: Programmerstellung

Bestimmung der geeigneten Maßnahmen (z.B. Training, Coaching, Seminar).

- Phase 4: Bewusstseinsbildung

Schaffung von Commitment zur gezielten und langfristigen Bewusstseinsbildung.

- Phase 5: Umsetzung

Die Umsetzung des Programms dauert in der Regel zwischen 6 und 12 Monate.

- Phase 6: Betreuung

Begleitende Betreuungsphase.

Die Kundenzufriedenheit und die Umsetzung von CRM in einem Unternehmen hängen wesentlich von der Bereitschaft des Mitarbeiters ab, sich mit dem Kunden und seinen Bedürfnissen auseinander zusetzen.

Die Grundlage dafür bildet die individuelle Leistungs- und Entwicklungsfähigkeit jedes Mitarbeiters. Dazu bedarf es eines motivierten Mitarbeiters, dessen Leistungen gesehen, anerkannt und vergütet werden.[162]

Der Manager ist aufgefordert, im Rahmen von sogenannten Mitarbeitergesprächen dem Angestellten Feedback in konstruktiver Art zu geben. In diesen Gesprächen, die zumindest ein – bis zweimal jährlich stattfinden sollen, werden auf sachlicher Ebene Themen wie Zielerreichung, Festlegen der neuen Ziele und Ausbildungsplan besprochen.[163]

---

161 Vgl. Batz und Andreschak 1998, S. 223

162 Vgl. Batz und Andreschak 1998, S. 226

163 Vgl. Batz und Andreschak 1998, S. 229

Einen wesentlichen Auftrag erhält das Management auch darin, den Mitarbeiter zu motivieren, den Kundennutzen zu steigern.

Unter Motivation wird der Zustand aktivierter Verhaltensbereitschaft verstanden. Das Interesse des Managers ist nicht, warum etwas passiert, sondern wie Verhalten zu beeinflussen ist.[164]

Führung kann als Motivation zur Selbstmotivation bezeichnet werden. Um den Mitarbeiter überzeugen zu können, muss der Vorgesetzte sich mit dem Anliegen des Mitarbeiters identifizieren.[165]

Zum Beispiel kann ein Kontraktmanagement oder Management by Objectives – im Zuge von Zielvereinbarungen bzw. Leistungsvereinbarungen – Klarheit erwirken. Durch ein transparentes Zielsystem und durch die Beteiligung aller Mitarbeiter bei der Erarbeitung des Zielsystems wird die Akzeptanz der Mitarbeiter bereits mitentwickelt und gefördert. Dies wiederum schafft positive Anreize und eine Identifikation der Mitarbeiter mit der Organisation. Die klare Kenntnis der Mitarbeiter von ihren Aufgabengebieten und die genau definierten Ergebnisse, die zu erbringen sind, fördern die Motivation und stärken die Selbstverantwortung der Mitarbeiter.[166]

Um etwas Bestimmtes zu tun, bedarf eines Antriebes, der aus der Hoffnung auf etwas Positives oder aus der Furcht vor etwas Negativem resultieren kann.[167]

---

164 Vgl. Sprenger 1999, S. 21f

165 Vgl. Wolf und Draf 1999, S. 123

166 Vgl. Kohlhammer 1995, S. 170f

167 Vgl. Wolf und Draf 1999, S. 123

Die Bedeutung, die dem Mitarbeiter im Rahmen des Customer Relationship Managements zugesprochen wird, streicht die folgende Zitation eindeutig hervor: „Getting the right customers is a critical step in building a loyalty-based business system, but it is only the first critical step. Once a company has loyal customers and the cash-flow surplus they provide, it needs to reinvest a solid share of that cash in hiring and retaining superior employees. [...] Employees who are not loyal are unlikely to build an inventory of customers who are."[168]

Der erste Schritt, den "richtigen" Kunden zu binden, ist wichtig. Noch wichtiger ist hingegen, einen Teil des generierten Umsatzes in die Mitarbeiteraufnahme- und bindung zu investieren.

---

168 Reichheld 1996, S. 91

6.3. CRM als Faktor der Honorierung

Den Schlüssel zum Unternehmenserfolg bilden:[169]

- die erhöhte Produktivität,

- die Messung der Vertriebsprozesse,

- das Einfließen des Kundenfeedbacks zur konstanten Optimierung der Aktivitäten und

- die Identifikation von alternativen Vertriebskanälen, die segmentspezifisch das Unternehmen näher an den Kunden heranbringen.

Um dem Vertriebsmitarbeiter einen Anreiz zu geben, an diesem Erfolg für das Unternehmen mitzuwirken, bedarf es eines finanziellen Anreizsystems.

Verschiedene Bezahlungsschemata werden unterschieden, anhand derer das Gehalt eines Vertriebsmitarbeiters festgemacht werden kann:[170]

Das fixe, marktgerechte Festgehalt (auch Fixum genannt), das der Vertriebs-mitarbeiter dafür erhält, dass er eine hundertprozentige Leistung, orientiert an den Individual- und Unternehmenszielen, erbringt. In der Praxis vermehrt anzutreffen ist das Umsatz-Provisionssystem, bei dem ein Fixum durch eine Plan-überschreitung gesteigert wird. Um einer Deckungsbeitragsrechnung seitens der Unternehmensleitung gerecht zu werden, können Mindestpreise für Produkte festgesetzt werden. Diese umsatzbezogenen Anreizsysteme fördern jedoch die kurzfristige Ausrichtung der Vertriebsaktivitäten und können der Qualität des Unternehmens schaden.[171]

Das Entlohnungsschema, das im Vertrieb oftmals anwendet wird, wird jedoch nicht an CRM angepasst. Meist blockieren sie erfolgreiche Umsetzung von CRM-Konzepten und steuern das Unternehmen in eine falsche Richtung.[172]

---

169 Vgl. Rapp 2001, S. 175

170 Vgl. Winkelmann 1999, S. 34f

171 Vgl. Winkelmann 1999, S. 35

172 Vgl. Henn, Harald: Die Vergütung verhindert CRM, in: acquisa, März 2002, S.46

Dieser Umstand resultiert aus der historisch gewachsenen Organisation, bei der die Effizienz der internen Organisation im Mittelpunkt steht. Und diese Effizienz und deren Steigerung stehen im Mittelpunkt der herkömmlichen Bonifikationsschemata.[173]

Wenn Personalabteilungen ernstlich interessiert sind, die Bonussysteme in Vertriebsorganisationen zu ändern, dann müssten die folgenden Parameter in einem Balanceakt von notwendiger Veränderung und dem Bewahren von Etabliertem ausgetauscht werden: Team anstelle von Individuum, Prozesse anstelle von Funktion und Kunde anstelle von Produkt.[174]

---

173 Vgl. Henn 2002, S. 46
174 Vgl. Henn 2002, S. 47

6.4.Internes Marketing

Customer Relationship Management muss firmenintern „verkauft" werden - wie ein Produkt an einen (externen) Kunden. Dazu verwendet man internes Marketing.

Damit ist die Optimierung unternehmensinterner Prozesse mit Instrumenten des Marketing- und Personalmanagements gemeint.[175]

Der Planungsprozess läuft üblicherweise in fünf Stufen ab:[176]

Zuerst wird eine interne und externen Situationsanalyse durchgeführt, die in die strategische Planung des internen Marketings mündet. In dieser Phase erfolgt die Zielfestlegung und das Erarbeiten des Strategiekonzeptes.

In der nächstfolgenden Phase, der operativen Planung, werden die Instrumente des Marketings und des Personalmanagements festgelegt, mit deren Hilfe die Ziele des internen Marketings erreicht werden. Phase vier bildet die Implementierung des internen Marketings, die von der letzten Phase gefolgt wird, der Kontrolle.

---

175 Vgl. Bruhn 1999, S. 237
176 Vgl. Bruhn 1999, S. 238

Die Ziele des internen Marketing können wie folgt dargestellt werden:

Tabelle 4:   Systematisierung der Ziele des internen Marketing

(in Anlehnung an: Bruhn 1999, S. 241)

Zielausrichtung Zielebene	interne Ziele	externe Ziele
strategische Ebene	Internes u. externes Kunden-Bewusstsein Mitarbeitermotivation Mitarbeiterzufriedenheit Mitarbeiter-Commitment	Wettbewerbsdifferenzierung Neukundengewinnung Kundenbindung Positive Mund-zu-Mund - Kommunikation
taktische Ebene	Mitarbeiter - KnowHow Informationsbasis der Mitarbeiter Akzeptanz der Mitarbeiter	Kundenzufriedenheit Kundenorientiertes Verhalten des Kundenkontaktpersonals

Hinsichtlich der gesetzten Maßnahme bei der Personalführung im Zuge des internen Marketings lässt sich die folgende Mitarbeitersegmentierung durchführen:

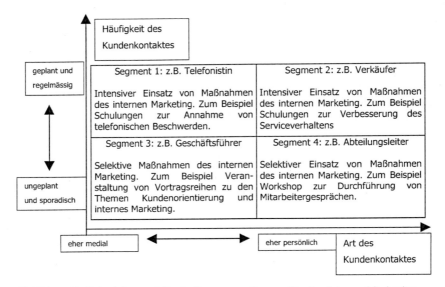

Abbildung 7: Beispiele von Mitarbeitersegmentierung für das interne Marketing

(in Anlehnung an: Bruhn 1999, S. 245)

Die Instrumente, die im internen Marketing eingesetzt werden können, sind im wesentlichen die folgenden:

Tabelle 5: Instrumente der internen Kommunikation

(in Anlehnung an: Bruhn 1999, S. 248)

	persönlich	medial
kontinuierlich	kontinuierlich-persönliche interne Kommunikation Beispiele: • Schulungen und Trainings • Projektgruppen • Mentorenschaften	kontinuierliche-mediale interne Kommunikation Beispiele: • Mitarbeiterzeitschrift • Plakate • Videos
sporadisch	sporadisch-persönliche interne Kommunikation Beispiele: • Workshops • Mitarbeitergespräch	sporadisch-mediale interne Kommunikation Beispiele: • Aushänge • Rundschreiben

6.5.Clienting

Einen gänzlich anderen Ansatz, der hier nur kurz erläutert wird, stellt der folgende dar: Clienting.

Edgar K. Geffroy stellt „Clienting" in den Mittelpunkt des unternehmerischen Denkens in bezug auf den Kunden. Er versteht unter Clienting den „Aufbau einer neuartigen Verschmelzung mit Kunden durch die Dimensionen Beziehungs-netzwerke und persönliche sowie elektronische Informationsnetzwerke. Damit ist die Beziehungsqualität zum Kunden der wichtigste Aktivposten zukünftiger Firmenbilanzen. Das Clienting-Konzept geht aber noch weiter und hat als Vision die Chance, den Kunden als Verkäufer in die eigenen Lösungen zu integrieren und im Idealfall den Kunden am eigenen Firmengewinn wieder zu beteiligen."[177]

Dieses Modell der Kundenbeziehung hat gegenüber der Kundenorientierung und der Kundenbindung den Vorteil, dass es eine wechselseitige Beziehung darstellt und nicht von einer einseitigen ausgeht.[178]

Die wichtigste Rolle innerhalb eines Unternehmens spielt der Vertriebsmitarbeiter, der als Clienting-Manager[179] das Netzwerk zum Kunden aufbaut und auch weiter ausbaut.

Interessant in diesem Zusammenhang sind auch die Fertigkeiten, über die ein Verkäufer, der Erfolg haben möchte, in der Zukunft zu verfügen hat: Erkennen der Kundenlücke, Drang nach Erfolgssteigerung, Timing, Info Broker, Beziehungs-profi, Persönlichkeit und Netzwerker.[180]

---

177 Geffroy 2000, S. 21
178 Vgl. Geffroy 2000, S. 21
179 Vgl. Geffroy 2000, S. 23
180 Vgl. Geffroy 2000, S. 132

7.Zusammenfassung und Ausblick

In diesem achten Kapitel werden in Kürze die wichtigsten Aussagen, die sich aus dem vorher Geschriebenen ableiten lassen, zusammengefasst.

Zudem werden die zentralen Fragen anhand der Ergebnisse aus der durchgeführten Befragung beantwortet.

Der Autor definiert CRM, als Zusammenfassung aller in diesem Buch genannten Definitionen, wie folgt:

Als die durch Informationstechnologie unterstützte ganzheitliche Ausrichtung aller unternehmensinternen Prozesse mit dem Ziel, dem Kunden einen Nutzengewinn zu verschaffen. Dabei wird mit dem Kunden, nach seiner für das Unternehmen eingestuften Profitabilität, die adäquate Kundenbeziehung aufgebaut.

Die Ganzheitlichkeit wird für den Autor durch den Umstand zum Ausdruck gebracht, dass CRM nur durch das geordnete „Zusammenspiel" von Mensch und Maschine (IT) zum Ziel führen kann.

Die Fragebefragung, an der 59 Vertriebsmitarbeiter aus sechs international tätigen Unternehmen teilgenommen haben, gibt die Möglichkeit, den Theorieteil unter-mauern zu können und die zentralen Fragen mit aktuellen Ergebnissen zu versehen.

Die zentralen Fragen lauten:

Was versteht ein Mitarbeiter des Vertriebs-Außendienstes unter CRM?

Welchen Nutzen erwartet er sich von CRM?

Welche Gründe sind dafür ausschlaggebend, dass ein Vertriebsmitarbeiter nicht mit dem im Unternehmen zum Einsatz kommenden CRM-System arbeitet?

Welchen Einfluss übt das Management aus, um Customer Relationship Management im Unternehmen zu etablieren und erfolgreich zu leben?

Alle Befragten verstehen unter CRM eine Software, die alle kundenrelevanten Daten abspeichert und dem Vertrieb dabei unterstützt, den Kunden zu kennen.

Customer Relationship Management ist zudem eine Philosophie, die im gesamten Unternehmen gelebt werden muss. Zwei Drittel geben an, dass CRM eine Unternehmensstrategie darstellt.

An dieser Stelle muss festgehalten werden, dass hier das Management einen wesentlichen Einfluss auf die Mitarbeiter ausüben kann („Lernen durch Vorbild", Festsetzen und Kommunizieren einer Strategie). Basierend auf den Erkenntnissen lässt sich jedoch feststellen, dass das Management in den Unternehmen, die befragt worden sind, diesem Anspruch nicht gerecht werden kann. Einziges Management-Tool, das eingesetzt wird, ist die Zielfestsetzung im Zuge der jährlichen Bewertungsgespräche. Widerstände zu erkennen und diese auszu-räumen, ist nach den Ergebnissen, nicht die Aufgabe der vorgesetzten Manager.

Doch das Management ist auch an anderer Stelle gefordert. Um die Akzeptanz der Mitarbeiter für Customer Relationship Management zu erhöhen, ist es notwendig, vor der Implementation alle dafür notwendigen Vorarbeiten abzuschliessen. Hier sei besonders erwähnt, dass das Prozessmanagement den Systemanforderungen vorab angepasst werden muss. Wenn es dem Management nicht gelingt, ein System in Betrieb zu setzen, dass vom ersten Tag an den (meisten) Anforderungen der Anwender genügt, wird es schwer sein, die Mitarbeiterakzeptanz erhöhen zu können.

Als die Hauptnutzen von Customer Relationship Management werden die Übersicht über alle wichtigen Kundendaten, eine optimale Vertriebssteuerung und die Steigerung der Verkaufszahlen gesehen. Somit lässt sich ableiten, dass die Dateneingabe- und pflege einen erfolgskritischen Faktor für jedes CRM-System darstellt. Mit der Implementation ist der Ressourcenbedarf, der im Zuge der Verwendung einer CRM-Software anfallen, nicht abgedeckt.

Als der Hauptnutzen des CRM-Einsatzes für das Unternehmen wird seitens des Vertriebes die Möglichkeit gesehen, die Vertriebsaktivitäten zu steuern und den Verkauf zu kontrollieren.

Bei den Gründen, die gegen die Verwendung des bereits implementierten CRM-Systems sprechen, war die Hypothese des Autors, dass die Verbreitung von individuellem Kundenwissen seitens des Vertriebsmitarbeiters den Hauptgrund darstellt. Diese Hypothese wird jedoch entkräftet, da mehr als 88% der Befragten diese Aussage widerlegen. Abgeleitet aus der Umfrage, sind die Hauptgründe Zeitmangel und eine zu komplizierte Handhabung des CRM-Systems.

Als Fazit kann hier angeführt werden, dass die Mitarbeitereinschulung bei System-Implementation einen wichtigen Faktor darstellt, der unbedingt zu beachten ist und dem genügend Zeit zur Verfügung gestellt werden muss. Als Beispiel kann hier eine österreichische Bank angeführt werden, die im Zuge einer kompletten Systemumstellung den Mitarbeitern die Möglichkeit bietet, mittels kostenlos zur Verfügung gestellter Laptops die Schulungen durchzuführen – für die Dauer eines Jahres, bevor das neue System „live" geschaltet wird.

Dass CRM auch in Zukunft einen wichtigen Stellenwert im Unternehmen einnehmen wird, kann anhand der Ergebnisse der Fragebogenerhebung abgeleitet werden: 83% der Vertriebsmitarbeiter geben an, dass CRM eine Möglichkeit darstellt, sich gegenüber dem Mitbewerb abzusetzen.

Customer Relationship Management ist, wie die Fragebogenerhebung eindeutig zeigt, kein „Modewort", sondern eine Möglichkeit, das Unternehmen neu zu positionieren, den Vertrieb optimal zu steuern und die Vertriebszahlen zu erhöhen.

Und diese Chance, die sich hier ergibt, muss seitens der Unternehmen genutzt werden. CRM als Maßnahme, den Kunden entsprechend seiner Profitabilität die für beide Seiten optimale Beziehung zukommen zu lassen, ist ein wesentlicher Faktor, inwieweit ein Unternehmen den Ansprüchen seiner Besitzer („shareholder value") nachzukommen vermag.

Somit ist CRM keine Modeerscheinung, sondern wichtiger Bestandteil für den zukünftigen Erfolg eines jeden Unternehmens. Ein Erfolg, der durch und mit den Mitarbeitern erreicht werden kann.

Abkürzungsverzeichnis

AG	Aktiengesellschaft
BPR	Business Process Reengineering
bzw.	beziehungsweise
CAS	Computer Aided Selling
CIC	Customer Interaction Center
CLV	Customer Lifetime Value
CLV-M	Customer-Lifetime-Value - Management
CRM	Customer Relationship Management
	(Customer Relationship Marketing)
DBMS	Datenbank-Managementsystem
d.h.	das heißt
DM	Deutsche Mark
ERP	Enterprise Ressource Planning
etc.	et cetera
F&E	Forschung und Entwicklung
GmbH	Gesellschaft mit beschränkter Haftung
inkl.	inklusive
IBM	International Business Machines
IT	Information Technology / Informationstechnologie
IV	Informationsverarbeitung
Mio.	Million(en)
NCR	National Cash Register Company
NPI	Niederländisch – Pädagogisches Institut
OLAP	Online Analytical Processing

PC	Personal Computer
ROI	Return On Investment
SAP	Systeme, Anwendungen, Produkte (in der Datenverarbeitung)
SFA	Sales Force Automation
TQM	Total Quality Management
u.a.	unter anderem
usw.	und so weiter
vgl.	vergleiche
z.B.	zum Beispiel

Abbildungsverzeichnis

- Abbildung 1, Seite 12

Managementtrends – von TQM zum CRM

- Abbildung 2, Seite 17

Bereichsübergreifende Organisation von Geschäftsprozessen

- Abbildung 3, Seite 21

Die sieben Ebenen einer Organisation nach dem NPI – Organisationsmodell

- Abbildung 4, Seite 32

Kundentypen

- Abbildung 5, Seite 36

Erfolgsfaktoren

- Abbildung 6, Seite 41

Kundenzufriedenheit in vier Stufen

- Abbildung 7, Seite 74

Beispiele von Mitarbeitersegmentierung für das interne Marketing

Tabellenverzeichnis

- Tabelle 1, Seite 25

Das CRM Fünf-Phasen-Modell

- Tabelle 2, Seite 54

Funktionen von CRM-Systemen

- Tabelle 3, Seite 64

Unterschiede zwischen Transaktionsverkauf und Relationship Marketing

- Tabelle 4, Seite 73

Systematisierung der Ziele des internen Marketing

- Tabelle 5, Seite 75

Instrumente der internen Kommunikation

Literaturverzeichnis

Abts, Dietmar und Mülder, Wilhelm: Grundkurs Wirtschaftsinformatik. Eine kompakte und praxisorientierte Einführung. 3. Auflage, Friedr.Vieweg & Sohn Verlagsgesellschaft mbH, Braunschweig/Wiesbaden, 2001.

Bach, Volker und Österle, Hubert (Hrsg.): Customer Relationship Management in der Praxis. Erfolgreiche Wege zu kundenzentrierten Lösungen. Springer Verlag, Berlin et al, 2000.

Batz, Manfred und Andreschak, Heike: Euro Service Business. Wie Unternehmen mit intelligenten Dienstleistungen wachsen. Hermann Luchterhand Verlag GmbH, Neuwied-Kriftel, 1998.

Block, Peter: Erfolgreiches Consulting. Das Beraterhandbuch. 2. Auflage, Wilhelm Heyne Verlag GmbH & Co.KG, München, 1997.

Bortz, Jürgen und Döring, Nicola: Forschungsmethoden und Evaluation für Sozialwissenschaftler. 2. Auflage, Springer-Verlag, Berlin et al, 1995.

Bruhn, Manfred und Steffenhagen, Hartwig (Hrsg.): Marktorientierte Unternehmensführung. Reflexionen – Denkanstöße – Perspektiven. 2. Auflage, Betriebswirtschaftlicher Verlag Dr. Th. Gabler GmbH, Wiesbaden, 1998.

Bruhn, Manfred: Kundenorientierung. Bausteine eines exzellenten Unternehmens. Deutscher Taschenbuch Verlag, München, 1999.

Colbe, von Walther Busse und Pellens, Bernhard: Lexikon des Rechnungswesens. Handbuch der Bilanzierung und Prüfung, der Erlös-, Finanz-, Investitions- und Kostenrechnung. 4. Auflage, R. Oldenbourg Verlag, München, 1998.

Fallner, Heinrich und Pohl, Michael: Coaching mit System. Die Kunst nachhaltiger Beratung. Leske + Budrich, Opladen, 2001.

Fink, Andreas et al: Grundlagen der Wirtschaftsinformatik. Physica-Verlag, Heidelberg, 2001.

Geffroy, Edgar K. (Hrsg.): Das einzige, was immer noch stört, ist der Kunde. Kundenerfolge statt Verkaufserfolge. Verlag moderne industrie, Landsberg/Lech, 1999.

Geffroy, Edgar K.: Clienting. Kundenerfolg auf Abruf jenseits des Egoismus. 6. Auflage, Verlag Moderne Industrie, Landsberg/Lech, 2000.

Greenberg, Paul: CRM at the Speed of Light. Capturing and Keeping Customers in Internet Real Time. Osborne/McGraw-Hill, Berkeley, 2001.

Gitomer, Jeffrey: Customer Satisfaction is Worthless – Customer Loyalty is Priceless. How to make customers love you, keep them coming back and tell everyone they know. Bard Press, Austin / Texas, 1998.

Hammer, M.; Champy, J.: Business Reengineering, die Radikalkur für das Unternehmen. 4. Auflage, Frankfurt/Main und New York, 1996, S.52.

Hammer, Michael und Stanton, Steven A.: Die Reengineering-Revolution. In: Simon, Hermann: Das grosse Handbuch der Strategiekonzepte. Ideen, die die Businesswelt verändert haben. 2. Auflage, Campus Verlag GmbH, Frankfurt/Main, 2000, S. 203 - 222.

Handlbauer, Gernot et al: Kundenorientierung als Kernkompetenz. In: Papmehl, Andre (Hrsg.): Absolute Customer Care. Wie Topunternehmen Kunden als Partner gewinnen. Signum, Wien, 1998, S. 27 - 45.

Hansen, Hans Robert: Wirtschaftsinformatik I. Grundlagen betrieblicher Informationsverarbeitung. 7. Auflage, Lucius & Lucius Verlagsgesellschaft mbH, Stuttgart, 1998.

Heimerl-Wagner, Peter: Veränderung und Organisationsentwicklung, in: Kasper, Helmut und Mayrhofer, Wolfgang (Hrsg.): Personalmanagement, Führung, Organisation. 2. Auflage, Wirtschaftsverlag Ueberreuter, Wien, 1996, S. 541-567.

Henn, Harald: Die Vergütung verhindert CRM, in: acquisa. Die Zeitschrift für Führungskräfte in Verkauf und Marketing (2002), 50. Jahrgang, März 2002, S. 46 – 47.

Hinterhuber, Hans H. : Leadership als Dienst an der Gemeinschaft. Was Unternehmer und Führungskräfte von Marc Aurel lernen können, in: zfo – Zeitschrift Führung + Organisation (2002), 71. Jahrgang, Januar – Februar, S. 40 – 52.

Hofmann, Markus und Mertiens, Markus (Hrsg.): Customer-Lifetime-Value-Management. Kundenwert schaffen und erhöhen: Konzepte, Strategien, Praxisbeispiele. Betriebswirtschaftlicher Verlag Dr.Th. Gabler, Wiesbaden, 2000.

Janzen, Uta: Siebel – der ungeliebte Marktführer, in: acquisa. Die Zeitschrift für Führungskräfte in Verkauf und Marketing (2001), 49. Jahrgang, November 2001, S. 46 – 48.

Jobs, Elmar: Data-Warehouses und Kundenmonitoring. In: Hofmann, Markus und Mertiens, Markus (Hrsg.): Customer-Lifetime-Value-Management. Kundenwert schaffen und erhöhen: Konzepte, Strategien, Praxisbeispiele. Betriebswirtschaftlicher Verlag Dr.Th. Gabler, Wiesbaden, 2000. S. 155 - 166.

Johnson, Michael D.: Kundenorientierung und Markthandlung. Oldenbourg Wissenschaftsverlag, München und Wien, 2001.

Kailer, Norbert und Walger, Gerd (Hrsg.): Perspektiven der Unternehmensberatung für kleinere und mittlere Unternehmen. Linde Verlag Wien Ges.m.b.H., Wien, 2000.

Kasper, Helmut und Mayrhofer, Wolfgang (Hrsg.): Personalmanagement, Führung, Organisation. 2. Auflage, Wirtschaftsverlag Ueberreuter, Wien, 1996.

Klose, Burkhard: Projektabwicklung. Arbeitshilfen, Projektanalyse, Fallbeispiele, Checklisten. 3. Auflage, Wirtschaftsverlag Ueberreuter, Wien, 1999.

Kornmesser, Christian und Schreiber, Jürgen: Die Meßbarkeit der Kundenzufriedenheit. Ein Erfahrungsbericht aus der Versicherungsgruppe der Deutschen Bank. In: Papmehl, Andre (Hrsg.): Absolute Customer Care. Wie Topunternehmen Kunden als Partner gewinnen. Signum, Wien, 1998, S. 139 - 165.

Kropp, Axel: Integrierte Customer Relationship Management-Lösungen. 2. Auflage, Oracle Deutschland GmbH, München, 1999.

Löwenthal, Thomas und Mertiens, Markus: Erfolgreiches Kundenbeziehungsmanagement und seine Elemente. In: Hofmann, Markus und Mertiens, Markus (Hrsg.): Customer-Lifetime-Value-Management. Kundenwert schaffen und erhöhen: Konzepte, Strategien, Praxisbeispiele. Betriebswirtschaftlicher Verlag Dr.Th. Gabler, Wiesbaden, 2000, S. 105 - 114.

Lombriser, Roman und Abplanalp, Peter A.: Strategisches Management. Visionen entwickeln, Strategien umsetzen, Erfolgspotentiale aufbauen. 2. Auflage, Versus, Zürich, 1998.

Meister, Ulla und Meister, Holger: Kundenzufriedenheit im Dienstleistungsbereich. 2. Auflage, R. Oldenbourg Verlag, München / Wien, 1998.

Mertens, Peter, et al: Grundzüge der Wirtschaftsinformatik. 7. Auflage, Springer Verlag, Berlin et al, 2001.

Papmehl, Andre (Hrsg.): Absolute Customer Care. Wie Topunternehmen Kunden als Partner gewinnen. Signum, Wien, 1998.

Papmehl, Andre: Die kundenorientierte Organisation – Mitunternehmer entfesseln, Kunden begeistern, Zukunft gestalten. In: Papmehl, Andre (Hrsg.): Absolute Customer Care. Wie Topunternehmen Kunden als Partner gewinnen. Signum, Wien, 1998, S. 311 - 334.

Papmehl, Andre und Visel, Michael: 100% Kundenorientierung im Bosch-Dienst: Ein Praxisbereicht aus der Robert Bosch GmbH. In: Reinecke, Sven, Sipötz, Elisabeth und Wiemann, Eva-Maria (Hrsg.): Total Customer Care. Kundenorientierung auf dem Prüfstand. Wirtschaftsverlag Carl Ueberreuter, Wien-Frankfurt, 1998, S. 172 - 183.

Patzak, Gerold und Rattay, Günter: Projektmanagement. Leitfaden zum Management von Projekten, Projektportfolios und projektorientierten Unternehmen. 3. Auflage, Linde Verlag, Wien, 1998.

Pernul, Günther und Unland, Rainer: Datenbanken im Unternehmen. Analyse, Modellbildung und Einsatz. Oldenbourg Wissenschaftsverlag GmbH, München und Wien, 2001.

Preißner, Andreas: Marketing- und Vertriebssteuerung. Planung und Kontrolle mit Kennzahlen und Balanced Scorecard, Carl Hanser Verlag, München / Wien, 2000.

Rapp, Reinhold: Customer Relationship Management. Das neue Konzept zur Revolutionierung der Kundenbeziehungen. 2. Auflage, Campus Verlag GmbH, Frankfurt/Main, 2001.

Reichheld, Frederick F.: The Loyalty Effect. The Hidden Force Behind Growth, Profits, and Lasting Value. Harvard Business School Press, Boston, 1996.

Reinecke, Sven, Sipötz, Elisabeth und Wiemann, Eva-Maria (Hrsg.): Total Customer Care. Kundenorientierung auf dem Prüfstand. Wirtschaftsverlag Carl Ueberreuter, Wien-Frankfurt, 1998.

Ronzal, Wolfgang: Wie Sie Kunden zu Partner machen. 20 Fragen, 20 Antworten für den Verkauf. 3. Auflage, Signum Verlag Ges.m.b.H. & Co.KG, Wien-Hamburg, 2000.

Rößl, Dietmar: Beziehungsmanagement im Klein- und Mittelbetrieb. Gestaltung dauerhafter Kundenbeziehungen. Service Fachverlag, Wien, 2000.

Rudolph, Alfred und Rudolph, Miriam: Customer Relationship Marketing – individuelle Kundenbeziehungen. Cornelsen Verlag, Berlin, 2000.

Rückle, Horst: Coaching. So spornen Manager sich und andere zu Spitzenleistungen an. verlag moderne industrie, Landsberg/Lech, 2000.

Rürup, Bert: Fischer Wirtschaftslexikon. 3. Ausgabe, Fischer Taschenbuchverlag GmbH, Frankfurt/Main, 1998.

Scheer, August-Wilhelm: Wirtschaftsinformatik. Referenzmodelle für industrielle Geschäftsprozesse. 2. Auflage, Springer Verlag, Berlin et al, 1998.

Scheer, August-Wilhelm und Köppen, Alexander (Hrsg.): Consulting. Wissen für die Strategie-, Prozess- und IT-Beratung. Springer Verlag, Berlin-Heidelberg-New York, 2000.

Scheer, August Wilhelm: Customer Relationship Management. Taschenwörterbuch Band 3. IDS Scheer, Saarbrücken, 2001.

Schick, Kirsten und Kuchenbecker, Andreas: Service ist, wenn man sich wundert – Customer Care bei der Advance Bank. In: Reinecke, Sven, Sipötz, Elisabeth und Wiemann, Eva-Maria (Hrsg.): Total Customer Care. Kundenorientierung auf dem Prüfstand. Wirtschaftsverlag Carl Ueberreuter, Wien-Frankfurt, 1998, S. 10 - 25.

Schimmel-Schloo, Martina: Die Berater machen das große Geschäft, in: acquisa. Die Zeitschrift für Führungskräfte in Verkauf und Marketing (2001), 49. Jahrgang, November 2001, S. 50 – 51.

Schimmel-Schloo, Martina: ERP-Anbieter wollen ein Stück vom CRM-Kuchen, in: acquisa. Die Zeitschrift für Führungskräfte in Verkauf und Marketing (2002), 50. Jahrgang, Februar 2002, S. 40 – 41.

Schmid, Roland, Bach, Volker und Österle, Hubert: Mit Customer Relationship Management zum Prozessportal. In: Bach, Volker und Österle, Hubert (Hrsg.): Customer Relationship Management in der Praxis. Erfolgreiche Wege zu kundenzentrierten Lösungen. Springer Verlag, Berlin et al, 2000, S. 3 - 56.

Schreiber, Uwe: Das Wirtschaftslexikon. Aktuelles Wissen für Studium und Beruf. 2. Auflage, Wilhelm Heyne Verlag GmbH & Co.KG, München, 2000.

Schulz von Thun, Friedemann: Miteinander Reden 3. Das „innere Team" und situationsgerechte Kommunikation. 8. Auflage, Rowohlt Taschenbuch Verlag GmbH, Reinbek bei Hamburg, 2001.

Schwetz, Wolfgang: Customer Relationship Management. Mit dem richtigen CAS / CRM-System Kundenbeziehungen erfolgreich gestalten. Betriebswirtschaftlicher Verlag Dr. Th. Gabler GmbH, Wiesbaden, 2000.

Simon, Hermann: Das grosse Handbuch der Strategiekonzepte. Ideen, die die Businesswelt verändert haben. 2. Auflage, Campus Verlag GmbH, Frankfurt/Main, 2000.

Sprenger, Reinhard K.: Mythos Motivation. Wege aus einer Sackgasse. 16. Auflage, Campus Verlag, Frankfurt/Main – New York, 1999.

Staehle, Wolfgang H.: Management. Eine verhaltenswissenschaftliche Perspektive. 8. Auflage, Verlag Franz Vahlen, München, 1999.

Stahlknecht, Peter und Hasenkamp, Ulrich: Einführung in die Wirtschaftsinformatik. 9. Auflage, Springer-Verlag, Berlin et al, 1999.

Staminski, Wolfgang: Mythos Kundenorientierung. Was Kunden wirklich wollen. Campus Verlag, Frankfurt/Main, 1998.

Steyrer, Johann: Theorien der Führung. In: Kasper, Helmut und Mayrhofer, Wolfgang (Hrsg.): Personalmanagement, Führung, Organisation. 2. Auflage, Wirtschaftsverlag Ueberreuter, Wien, 1996, S. 153 - 223.

Ulrich, Hans und Probst, Gilbert J.B.: Anleitung zum ganzheitlichen Denken und Handeln. Ein Brevier für Führungskräfte. 3. Auflage, Verlag Paul Haupt, Bern und Stuttgart, 1991.

Virtel, Martin: Microsoft mischt bei Unternehmenssoftware mit, in: Financial Times Deutschland, http://www.ftd.de/tm/hs/1014398833832.html?nv=nl, Stand vom: 27.2.2002.

Voß, Stefan und Gutenschwager, Kai: Informationsmanagement. Springer Verlag, Berlin et al, 2001.

Winkelmann, Peter: Innovatives Außendienst-Management. Verkaufen mit Biß und Methode. Verlag Norbert Müller AG & Co.KG, München-Zürich-Dallas, 1999.

Wolf, Georg und Draf, Dieter: Leiten und Führen in der öffentlichen Verwaltung. Ein Handbuch für die Praxis. 5. Auflage; Verlagsgruppe Jehle Rehm GmbH, München / Berlin / Rehm, 1999.

Xerox Austria GmbH: Unsere Unternehmensziele. Internetadresse: http://www.xerox.at/xerox/xerox.nsf/Menue/6.6, Stand vom: 3. März 2002.

Zencke, Peter: CRM ist erwachsen geworden, in: SAP Info. Das Magazin der SAP AG (2002), Ausgabe 91, S. 10 – 11.

Zezelj, Gordana: Das CLV-Management-Konzept. In: Hofmann, Markus und Mertiens, Markus (Hrsg.): Customer-Lifetime-Value-Management. Kundenwert schaffen und erhöhen: Konzepte, Strategien, Praxisbeispiele. Betriebswirtschaftlicher Verlag Dr.Th. Gabler, Wiesbaden, 2000, S. 9 - 30.

Anhang

Fragebogen

Fragebogenauswertung

Sehr geehrte Mitarbeiterin der Vertriebsabteilung!
Sehr geehrter Mitarbeiter der Vertriebsabteilung!

Zuerst möchte ich mich recht herzlich bedanken, dass Sie sich Zeit nehmen, diesen Fragebogen zu beantworten.

Mein Name ist Franz J. Major, und ich bin nebenberuflicher Student an der Fachhochschule Wiener Neustadt, Studiengang „Wirtschaftsberatende Berufe".

Im Rahmen meiner abschließenden Diplomarbeit, deren Thematik „Customer Relationship Management" (CRM) darstellt, geht es unter anderem darum, die Akzeptanz von CRM-Systemen durch den Mitarbeiter des Vertriebsaußendienstes zu untersuchen.
Die Grundlage dafür bildet der Ihnen hiermit vorliegende Fragebogen.

Durch Ihre Antworten helfen Sie mir, meine Diplomarbeit erfolgreich abschließen zu können.

Dafür vielen Dank!

Ich möchte Ihnen an dieser Stelle auch versichern, dass alle Daten, die Sie eintragen, absolut vertraulich behandelt werden. Ich habe einzig und alleine Interesse an der spezifischen Auswertung und bin nicht interessiert, welche Person den Fragebogen wie ausgefüllt hat.

Mit besten Grüßen

Franz J. Major

PS: Mit dem im Fragebogen verwendeten Begriff „CRM-Infosystem" ist die in Ihrem Unternehmen eingesetzte Software für Customer Relationship Management gemeint.

Fachhochschule Wiener Neustadt / Studiengang Wirtschaftsberatende Berufe
Diplomarbeit MAJOR, Franz Josef
Email-Adresse: 98wba028@fhwn.ac.at

- 95 -

Bitte beantworten Sie die folgenden Fragen möglichst spontan.

Customer Relationship Management (im folgenden CRM abgekürzt)

1.	
	Stellen Sie sich vor, Sie schulen gerade einen neuen Vertriebsmitarbeiter ein. Wie würden Sie ihm CRM erklären?

2.	Bitte geben Sie an, inwiefern Sie den folgenden Aussagen zustimmen. Wenn Sie einer Aussage sehr zustimmen, kreuzen Sie „stimme sehr zu" an etc.				
		stimme sehr zu	Stimme eher zu	stimme eher nicht zu	stimme über-haupt nicht zu
A	CRM ist eine Software, die beim Verkauf hilft	☐	☐	☐	☐
B	CRM ist eine Software, die alle kundenrelevanten Daten speichert	☐	☐	☐	☐
C	CRM ist nur ein Modewort, hinter dem nicht viel steckt	☐	☐	☐	☐
D	CRM ist eine Unternehmensstrategie	☐	☐	☐	☐
E	CRM muss von allen Mitarbeitern im Unternehmen gelebt werden	☐	☐	☐	☐
F	CRM hilft dem Unternehmen, den Kunden zu kennen	☐	☐	☐	☐
G	CRM hilft dem Unternehmen, den Kunden an das Unternehmen zu binden	☐	☐	☐	☐

H	CRM hilft dem Unternehmen, den Kundennutzen zu erhöhen	☐	☐	☐	☐
I	CRM erschwert das Arbeiten aufgrund des hohen Aufwands an Administration	☐	☐	☐	☐

3.	Aus Ihrer Erfahrung mit CRM abgeleitet: Welchen Nutzen erwarten Sie persönlich von CRM?				
		stimme sehr zu	Stimme eher zu	stimme eher nicht zu	stimme überhaupt nicht zu
A	Steigerung meiner Verkaufszahlen	☐	☐	☐	☐
B	Alle Kundendaten auf einen Blick, ohne erheblichen Zeitaufwand	☐	☐	☐	☐
C	Ich kann damit meine Kunden-besuche steuern	☐	☐	☐	☐
D	Möglichkeit, die Bindung zum Kun-den zu beginnen, bzw. auszu-bauen	☐	☐	☐	☐
E	Sonstiges: (bitte anführen)				☐

4.	Welchen Nutzen erwartet sich Ihr Unternehmen von CRM?				
		stimme sehr zu	Stimme eher zu	stimme eher nicht zu	stimme überhaupt nicht zu
A	Steigerung der Verkaufszahlen des Gesamtunternehmens	☐	☐	☐	☐
B	Kontrollinstrument, der Verkäufer wird zum „gläsernen" Mitarbeiter	☐	☐	☐	☐

C	Steuerungsmöglichkeit für den Vertrieb	☐	☐	☐	☐
D	Kundenbindung an das Unternehmen	☐	☐	☐	☐
E	Die Chance, sich gegenüber dem Mitbewerb abzuheben	☐	☐	☐	☐
F	Sonstiges: (bitte anführen)				☐

5.	Welche Gründe sprechen für Sie als Vertriebsmitarbeiter **DAGEGEN**, das im Unternehmen verwendete CRM-Infosystem mit Daten aufzufüllen?				
		stimme sehr zu	Stimme eher zu	stimme eher nicht zu	stimme über- haupt nicht zu
A	Zeitmangel, das Verkaufen steht im Vordergrund	☐	☐	☐	☐
B	Die Handhabung ist zu kompliziert	☐	☐	☐	☐
C	Es besteht keine technische Verbindung von unterwegs (zuhause) mit dem System	☐	☐	☐	☐
D	Mein kundenspezifisches Wissen soll im Unternehmen nicht bekannt werden	☐	☐	☐	☐
E	Bis dato gab es kein Feedback, was mit der Datenauswertung geschieht.	☐	☐	☐	☐
F	Sonstiges: (bitte anführen)				☐

6.	Welche Konsequenzen werden seitens des Managements gesetzt, wenn Sie keine Daten in das CRM-Infosystem eingeben?				
		stimme sehr zu	Stimme eher zu	stimme eher nicht zu	stimme über- haupt nicht zu
A	Keine	☐	☐	☐	☐
B	Im Zuge der Zielvereinbarungen als ein festgeschriebenes Ziel	☐	☐	☐	☐
C	Im Zuge der Zielbesprechung als Negativbewertung	☐	☐	☐	☐
D	Es kommt zu Abstrichen bei der Bonusberechnung	☐	☐	☐	☐
E	Der direkte Vorgesetzte versucht in einem klärenden Gespräch meine Gründe zu erkennen	☐	☐	☐	☐

F	Der Vorgesetzte ist bemüht, mich bei meinen Widerständen gegen CRM zu unterstützen.	☐	☐	☐	☐
G	Sonstiges: (bitte anführen)				☐

7.	Was müsste seitens Ihres Unternehmens / Vorgesetzten getan werden, um Ihre Akzeptanz gegenüber CRM zu erhöhen?				
		stimme sehr zu	Stimme eher zu	stimme eher nicht zu	stimme über- haupt nicht zu
A	Es müsste seitens des Managements vorgelebt werden	☐	☐	☐	☐
B	Bei der Einführung des CRM-Infosystems muss der Vertriebsmitarbeiter regelmässige Betreuung erhalten	☐	☐	☐	☐
C	Bei der Einführung des CRM-Infosystems müssen bereits vorab alle vorbereitenden Massnahmen abgeschlossen sein (z.B. Prozess-Review, Organisationsform)	☐	☐	☐	☐
D	Es muss den Vertriebsmitarbeitern genau erläutert werden, welchen Nutzen sie von CRM haben	☐	☐	☐	☐
E	CRM muss mit dem Entlohnungssystem gekoppelt werden	☐	☐	☐	☐
F	CRM muss auch an den Kunden kommuniziert werden	☐	☐	☐	☐
G	Es müssen Weiterbildungsmassnahmen für den Vertriebsmitarbeiter gesetzt werden	☐	☐	☐	☐
H	Sonstiges: (bitte anführen)				☐

Statistik

Vielen Dank für die Beantwortung der Fragen. Abschließend möchte ich Sie bitten, noch folgende Angaben zu Ihrer Person zu beantworten.

1/S.	Ihr Geschlecht?		
A	männlich	☐	1
B	weiblich	☐	2

2/S.	Ihr Alter?		
A	unter 20 Jahre	☐	1
B	zwischen 20 und 30 Jahre	☐	2
C	zwischen 31 und 40 Jahre	☐	3
D	zwischen 41 und 50 Jahre	☐	4
E	älter als 50 Jahre	☐	5

3/S.	Wie viele Jahre sind Sie bereits in diesem Unternehmen tätig?		
A	kürzer als 0,5 Jahren (6 Monate)	☐	1
B	zwischen 0,5 und 1 Jahre	☐	2
C	zwischen 1 und 3 Jahre	☐	3
D	zwischen 3 und 5 Jahre	☐	4
E	länger als 5 Jahre	☐	5

4/S.	Schätzen Sie, wieviele Stunden pro Woche arbeiten Sie mit dem CRM-System *durchschnittlich*?		
A	bis zu 1 Stunde	☐	1
B	bis zu 2 Stunden	☐	2
C	bis zu 3 Stunden	☐	3
D	bis zu 4 Stunden	☐	4
E	mehr als 4 Stunden	☐	5

5/S.	Welchen höchsten Schulabschluß haben Sie?		
A	Pflichtschulabschluß	☐	1
B	Lehre	☐	2
C	Matura	☐	3
D	abgeschlossenes Studium	☐	4
E	Sonstiges:	☐	5

6/S.	Sie bekleiden derzeit welche Position innerhalb der Vertriebsorganisation?

Ihr Geschlecht

	Anzahl	Prozentsatz	Kontrollfeld
männlich	45	76.27%	
weiblich	14	23.73%	59

Ihr Alter

	Anzahl	Prozentsatz	Kontrollfeld
unter 20 Jahre	0	0.00%	
zwischen 20 und 30 Jahre	16	27.12%	
zwischen 31 und 40 Jahre	32	54.24%	
zwischen 41 und 50 Jahre	7	11.86%	
älter als 50 Jahre	4	6.78%	59

Wieviele Jahre sind Sie bereits in diesem Unternehmen tätig?

	Anzahl	Prozentsatz	Kontrollfeld
kürzer als 0,5 Jahren (6 Monate)	3	5.08%	
zwischen 0,5 und 1 Jahre	5	8.47%	
zwischen 1 und 3 Jahre	8	13.56%	
zwischen 3 und 5 Jahre	5	8.47%	
länger als 5 Jahre	38	64.41%	59

Schätzen Sie, wie viele Stunden pro Woche arbeiten Sie mit dem CRM - Infosystem durchschnittlich?			
	Anzahl	Prozentsatz	Kontrollfeld
bis zu einer Stunde	9	15.25%	
bis zu zwei Stunden	9	15.25%	
bis zu drei Stunden	15	25.42%	
bis zu vier Stunden	11	18.64%	
mehr als vier Stunden	15	25.42%	59

Welchen höchsten Schulabschluss haben Sie?			
	Anzahl	Prozentsatz	Kontrollfeld
Pflichtschulabschluss	4	6.78%	
Lehre	17	28.81%	
Matura	26	44.07%	
abgeschlossenes Studium	10	16.95%	
Sonstiges:	2	3.39%	59

Frage 2:

Bitte geben Sie an, inwiefern Sie den folgenden Aussagen zustimmen.

		Stimme sehr zu	Stimme eher zu	Stimme eher nicht zu	Stimme überhaupt nicht zu	Kontroll-feld
CRM ist eine Software, die beim Verkauf hilft	Anzahl	24	23	7	5	59
	Prozentsatz	40,68%	38,98%	11,86%	8,47%	100,00%
CRM ist eine Software, die alle kundenrelevanten Daten speichert	Anzahl	42	17	0	0	59
	Prozentsatz	71,19%	28,81%	0,00%	0,00%	100,00%
CRM ist nur ein Modewort, hinter dem nicht viel steckt	Anzahl	5	7	20	27	59
	Prozentsatz	8,47%	11,86%	33,90%	45,76%	100,00%
CRM ist eine Unternehmensstrategie	Anzahl	20	20	9	10	59
	Prozentsatz	33,90%	33,90%	15,25%	16,95%	100,00%
CRM muss von allen Mitarbeitern im Unternehmen gelebt werden	Anzahl	34	24	0	1	59
	Prozentsatz	57,63%	40,68%	0,00%	1,69%	100,00%
CRM hilft dem Unternehmen, den Kunden zu kennen	Anzahl	35	22	2	0	59
	Prozentsatz	59,32%	37,29%	3,39%	0,00%	100,00%
CRM hilft dem Unternehmen, den Kunden an das Unternehmen zu binden	Anzahl	20	26	5	8	59
	Prozentsatz	33,90%	44,07%	8,47%	13,56%	100,00%
CRM hilft dem Unternehmen, den Kundennutzen zu erhöhen	Anzahl	15	32	8	4	59
	Prozentsatz	25,42%	54,24%	13,56%	6,78%	100,00%
CRM erschwert das Arbeiten aufgrund des hohen Aufwands an Administration	Anzahl	9	15	26	9	59
	Prozentsatz	15,25%	25,42%	44,07%	15,25%	100,00%

Frage 3

Aus Ihrer Erfahrung mit CRM abgeleitet: Welchen Nutzen erwarten Sie persönlich von CRM?

		Stimme sehr zu	Stimme eher zu	Stimme eher nicht zu	Stimme überhaupt nicht zu	Kontroll-feld
Steigerung meiner Verkaufszahlen	Anzahl	30	19	5	5	59
	Prozentsatz	50,85%	32,20%	8,47%	8,47%	100,00%
Alle Kundendaten auf einen Blick, ohne erheblichen Zeitaufwand	Anzahl	55	4	0	0	59
	Prozentsatz	93,22%	6,78%	0,00%	0,00%	100,00%
Ich kann damit meine Kundenbesuche steuern	Anzahl	35	19	3	2	59
	Prozentsatz	59,32%	32,20%	5,08%	3,39%	100,00%
Möglichkeit, die Bindung zum Kunden zu beginnen, bzw. auszubauen	Anzahl	36	9	8	6	59
	Prozentsatz	61,02%	15,25%	13,56%	10,17%	100,00%
Sonstiges	Anzahl	8				

Frage 4:

Welchen Nutzen erwartet sich Ihr Unternehmen von CRM?

		Stimme sehr zu	Stimme eher zu	Stimme eher nicht zu	Stimme überhaupt nicht zu	Kontroll-feld
Steigerung der Verkaufszahlen des Gesamtunternehmens	Anzahl	44	8	5	2	59
	Prozentsatz	74,58%	13,56%	8,47%	3,39%	100,00%
Kontrollinstrument, der Verkäufer wird zum "gläsernen" Mitarbeiter	Anzahl	36	14	5	4	59
	Prozentsatz	61,02%	23,73%	8,47%	6,78%	100,00%
Steuerungsmöglichkeit für den Vertrieb	Anzahl	45	9	4	1	59
	Prozentsatz	76,27%	15,25%	6,78%	1,69%	100,00%
Kundenbindung an das Unternehmen	Anzahl	24	22	9	4	59
	Prozentsatz	40,68%	37,29%	15,25%	6,78%	100,00%
Die Chance, sich gegenüber dem Mitbewerb abzuheben	Anzahl	25	24	5	5	59
	Prozentsatz	42,37%	40,68%	8,47%	8,47%	100,00%
Sonstiges	Anzahl	2				

Frage 5:

Welche Gründe sprechen für Sie als Vertriebsmitarbeiter DAGEGEN, das im Unternehmen verwendete CRM – Infosystem mit Daten aufzufüllen?

		Stimme sehr zu	Stimme eher zu	Stimme eher nicht zu	Stimme überhaupt nicht zu	Kontroll-feld
Zeitmangel, das Verkaufen steht im Vordergrund	Anzahl	25	15	13	6	59
	Prozentsatz	42,37%	25,42%	22,03%	10,17%	100,00%
Die Handhabung ist zu kompliziert	Anzahl	22	12	19	6	59
	Prozentsatz	37,29%	20,34%	32,20%	10,17%	100,00%
Es besteht keine technische Verbindung von unterwegs (zuhause) mit dem System	Anzahl	22	23	7	7	59
	Prozentsatz	37,29%	38,98%	11,86%	11,86%	100,00%
Mein kundenspezifisches Wissen soll im Unternehmen nicht bekannt werden	Anzahl	5	9	12	33	59
	Prozentsatz	8,47%	15,25%	20,34%	55,93%	100,00%
Bis dato gibt es kein Feedback, was mit der Datenauswertung geschieht	Anzahl	21	21	7	10	59
	Prozentsatz	35,59%	35,59%	11,86%	16,95%	100,00%
Keine Gründe dagegen	Anzahl	6				

Frage 6:

Welche Konsequenzen werden seitens des Managements gesetzt, wenn Sie
keine Daten in das CRM Infosystem eingeben?

		Stimme sehr zu	Stimme eher zu	Stimme eher nicht zu	Stimme überhaupt nicht zu	Kontroll-feld
Keine	Anzahl	21	24	4	10	59
	Prozentsatz	35,59%	40,68%	6,78%	16,95%	100,00%
Im Zuge der Zielvereinbarungen als ein festgeschriebenes Ziel	Anzahl	29	19	4	7	59
	Prozentsatz	49,15%	32,20%	6,78%	11,86%	100,00%
Im Zuge der Zielbesprechung als Negativbewertung	Anzahl	19	19	7	14	59
	Prozentsatz	32,20%	32,20%	11,86%	23,73%	100,00%
Es kommt zu Abstrichen bei der Bonusberechnung	Anzahl	0	0	0	59	59
	Prozentsatz	0,00%	0,00%	0,00%	100,00%	100,00%
Der direkte Vorgesetzte versucht in einem klärenden Gespräch meine Gründe zu erkennen	Anzahl	22	24	4	9	59
	Prozentsatz	37,29%	40,68%	6,78%	15,25%	100,00%
Der Vorgesetzte ist bemüht, mich bei den Widerständen gegen CRM zu unterstützen	Anzahl	6	7	19	27	59
	Prozentsatz	10,17%	11,86%	32,20%	45,76%	100,00%
Sonstiges	Anzahl	0				

Frage 7:

Was müsste seitens Ihres Unternehmens / Vorgesetzten getan werden, um Ihre Akzeptanz gegenüber CRM zu erhöhen?

		Stimme sehr zu	Stimme eher zu	Stimme eher nicht zu	Stimme überhaupt nicht zu	Kontroll- feld
Es müsste seitens des Managements vorgelebt werden	Anzahl	35	24	0	0	59
	Prozentsatz	59,32%	40,68%	0,00%	0,00%	100,00%
Bei der Einführung des CRM-Infosystems muss der Vertriebsmitarbeiter regelmässige Betreuung erhalten	Anzahl	38	13	2	6	59
	Prozentsatz	64,41%	22,03%	3,39%	10,17%	100,00%
Bei der Einführung des CRM-Infosystems müssen bereits vorab alle vorbereitenden Massnahmen abgeschlossen sein (z.B. Prozess-Review, Organisationsform)	Anzahl	32	23	1	3	59
	Prozentsatz	54,24%	38,98%	1,69%	5,08%	100,00%
Es muss den Vertriebsmitarbeitern genau erläutert werden, welchen Nutzen sie von CRM haben	Anzahl	31	25	3	0	59
	Prozentsatz	52,54%	42,37%	5,08%	0,00%	100,00%
CRM muss mit dem Entlohnungssystem gekoppelt werden	Anzahl	13	7	11	28	59
	Prozentsatz	22,03%	11,86%	18,64%	47,46%	100,00%
CRM muss auch an den Kunden kommuniziert werden	Anzahl	6	0	26	27	59
	Prozentsatz	10,17%	0,00%	44,07%	45,76%	100,00%

Es müssen	Anzahl	27	19	5	8	59
Weiterbildungsmass-nahmen für den Vertriebsmitarbeiter gesetzt werden	Prozentsatz	45,76%	32,20%	8,47%	13,56%	100,00%
Sonstiges	Anzahl	1